Die Praxis

des

öffentlichen Arbeitsnachweises.

Im Auftrage des

Verbandes deutscher Arbeitsnachweise

herausgegeben von

Fritz Lauer,

Vorstand des städtischen Arbeitsamtes Freiburg im Breisgau.

Berlin W.

Druck und Verlag von Georg Reimer.

1908.

Inhaltsverzeichnis.

Einleitung.

Seit der Gründung der ersten öffentlichen Arbeitsnachweise hat sich in der Praxis der öffentlichen Arbeitsvermittlung manches geändert. Wenn es auch noch eine große Zahl Anstalten gibt, die die ersten Betriebsformen beibehalten haben, so ist doch die Reformbedürftigkeit mancher Einrichtungen zutage getreten. Zum größten Teil haben die deutschen Arbeitsnachweise diejenigen Einrichtungen und Betriebsformen angenommen, die von den Arbeitsnachweisen einiger Großstädte als geeignet empfohlen wurden. Allein die Arbeitsnachweiseinrichtungen einer Großstadt lassen sich nicht ohne weiteres auf die mittleren und kleineren Städte übertragen. Hier treten andere Bedürfnisse auf. Und für diese Bedürfnisse ein Handbuch zu schaffen, das in der Hauptsache die Verhältnisse bei bestehenden oder neu zu errichtenden Anstalten in mittleren und kleineren Städten berücksichtigt, das ist der Zweck der vorliegenden Schrift. Die zahlreichen mittleren und kleinen Anstalten bilden die Regel, die Großstädte dagegen die Ausnahmen. Doch dürften auch großstädtische Anstalten manches darin finden, was sie in ihren Betrieben mit Nutzen verwenden können. Wenn der Verfasser besonderen Wert darauf legte, die neueste Registrierungsform, die Kartenregistratur, eingehend zu beschreiben, so geschah dies aus dem Grunde, weil immer mehr die Erkenntnis durchbricht, daß das Listensystem unzulänglich und zeitraubend ist, während das Kartensystem, als die geeignetste Registrierungsart, bei den Arbeitsnachweisanstalten von Jahr zu Jahr an Boden gewinnt.

Neben den Erfahrungen, die der Verfasser im Betriebe der ihm unterstellten Anstalt machte, und die zum größten Teil in dem vorliegenden Werke zum Ausdruck kommen, haben die Jahresberichte anderer Anstalten die Unterlage zu manchen Teilen gebildet. Zu besonderem Danke ist der Verfasser dem Vorstande des Zentralvereins für Arbeitsnachweis in Berlin verpflichtet, der in liebenswürdigster Weise das zur Darstellung dieses Arbeitsnachweises benötigte Material zur Verfügung stellte.

Die Anlagen Pläne, Formulare usw., werden der Übersichtlichkeit und der leichten Lesbarkeit des Textes wegen in einem gesonderten Teil zum Abdruck gebracht. Dabei ist zu bemerken, daß es sich nicht um Formulare einer bestimmten Anstalt handeln soll, sondern mehr um Normalformulare, die nur das unumgänglich Nötige enthalten und von den einzelnen Anstalten je nach den lokalen Bedürfnissen ergänzt werden können.

Der Verfasser gibt sich der Hoffnung hin, daß das Büchlein in den Kreisen, für die es bestimmt ist, Anklang findet. Er würde dankbar sein für jede Anregung, die gegebenenfalls in einer zweiten Auflage berücksichtigt werden könnte.

Die Lage der Anstalt.

Für die Lage einer Arbeitsnachweisanstalt werden stets die örtlichen Verhältnisse einer Stadt maßgebend sein. Jedoch muß im Auge behalten werden, daß es sich um eine öffentliche Anstalt handelt und daß für sie in bezug auf ihre Lage das gleiche gilt, wie für andere öffentliche Anstalten, die man dort unterzubringen pflegt, wo sie am bequemsten zu erreichen sind, nämlich im Zentrum der Stadt.

Eine Arbeitsnachweisanstalt sollte demnach zentral gelegen sein. Vorteilhaft ist die Nähe eines Marktplatzes. Es ist ferner darauf zu achten, daß die Anstalt in eine einwandfreie Straße gelegt wird. Das Gebäude muß leicht zugänglich sein, nicht in einem Winkel verborgen, so daß es erst langen Suchens bedarf, bis man es auffindet. Von Vorteil ist es, wenn das Haus von zwei Straßen aus betreten werden kann, weil dadurch eine unerläßliche Forderung — die Trennung der Anstalt nach Geschlechtern — leichter durchzuführen ist.

Die bauliche Einteilung.

Eine Regel gibt es für die bauliche Einteilung einer Arbeitsnachweisanstalt nicht. Sie richtet sich nach den örtlichen Verhältnissen und der Entwicklung der Anstalt. In kleinen Städten wird ein gemeinsamer Raum als Vermittlungsraum für beide Geschlechter genügen. Dagegen muß sich in Mittel- und Großstädten die Arbeitsvermittlung für das männliche und weibliche Geschlecht räumlich getrennt abwickeln. Die Anstalt sollte deshalb Räume für zwei Abteilungen, für eine männliche und eine weibliche Abteilung, aufweisen. Besonders ist darauf zu achten, daß zu den beiden Abteilungen gesonderte Eingänge führen, weil hierdurch viele Unannehmlichkeiten vermieden werden. Trotz Verbotes halten sich nämlich stets Arbeitsuchende — sogenannte Gelegenheitsarbeiter — in den Gängen der Anstalt oder auf der Straße vor der Türe auf. Bei gemeinsamem Eingang für beide Geschlechter ist es deshalb weiblichen Besuchern oft peinlich, sich durch die Ansammlung durchzudrängen, zumal es darunter Leute gibt, die leicht geneigt sind, die dem weiblichen Geschlechte schuldige Rücksicht außer acht zu lassen. Feiner empfindende Personen werden aus diesem Grunde lieber auf die Dienste der Anstalt verzichten, als einen gemeinsamen Eingang für männliche und weibliche Personen benützen.

In Mittelstädten hat sich bis jetzt folgende Einteilung bewährt:

Männliche Abteilung.

1. Raum für die Beamten und daran anschließend ein Anmelde- und Warteraum für Arbeitgeber und Arbeitsuchende.

2. Ein Zimmer für den Vorstand und zugleich Registratur.

Weibliche Abteilung.

1. Zimmer für die Beamtinnen mit anschließenden getrennten Räumlichkeiten für die Dienstherrschaften und Stellensuchenden.

2. Zweckmäßig ist ein weiteres Zimmer als Sprechzimmer, in dem die in der Anstalt sich findenden Dienstherrschaften und Dienstboten ungestört verhandeln können.

Mit dem steigenden Verkehr wird eine weitere Differenzierung stattfinden müssen, in der Art, daß die Arbeitsuchenden in zwei Kategorien eingeteilt und räumlich getrennt abgefertigt werden. Dazu zwingt einesteils die wachsende Arbeit, die eine Arbeitsteilung durch vermehrtes Beamtenpersonal notwendig macht. Dann aber empfiehlt sich eine Scheidung der Arbeitsuchenden noch aus einem anderen Grunde. Man muß mit dem Gefühl rechnen, daß der gelernte Arbeiter sich dem Taglöhner, Handlanger u. s. w. gegenüber als beruflich höher stehend ansieht, und desgleichen der Kaufmann, Oberkellner u. s. w. dem gelernten Arbeiter gegenüber. Aus diesem Gefühl heraus wird der den höher stehenden Berufsarten angehörige Stellensuchende nicht oder nur ungern einen Arbeitsnachweis benützen, bei welchem zu gleicher Zeit und im gleichen Raum die Vermittlungstätigkeit für alle Berufsarten ausgeübt wird. Solche Empfindungen sind eben da, und ihnen muß, wie man sich auch dazu stellen mag, Rechnung getragen werden. soll sich die Stellenvermittlung in diesen Kreisen nicht auf anderen Wegen vollziehen. Auch aus vermittlungstechnischen Gründen ist die Trennung ratsam. Je höher die Berufsart steht, um so eingehender, um so individueller wird das einzelne Vermittlungsgesuch behandelt werden müssen, und um so mehr wird das Bedürfnis hervortreten, diese Vermittlungstätigkeit abgesondert von der übrigen vorzunehmen.

Als nächste Stufe wird demnach die männliche Abteilung folgende Unterabteilungen aufweisen:

1. Abteilung für gelernte Arbeiter, Gehilfen, Hotelpersonal u. s. w.
2. Abteilung für ungelernte Arbeiter.

Die weibliche Abteilung wäre einzuteilen in:

1. Abteilung für häusliches Dienstpersonal, Handlungsgehilfinnen, u. s. w.
2. Abteilung für Wirtschaftspersonal, Wasch- und Putzfrauen u. s. w.

Die wachsende Größe der Stadt und die Entwicklung der Anstalt wird eine weitere Trennung des inneren Geschäftsbetriebes bedingen, und zwar werden zunächst Abteilungen für verwandte Berufsgruppen, z. B. Holzgewerbe, Metallgewerbe u. s. w. geschaffen werden, ein Ziel, das bereits in Berlin erreicht ist. Dort besteht ein großer, allgemeiner Arbeitsnachweis für ungelernte Arbeiter und ihm angegliedert mit besondern Vermittlungsräumen im gleichen Hause die Facharbeitsnachweise einzelner Berufe oder Berufsgruppen. (Siehe Anlagen. Pläne der Anstalten Freiburg im Breisgau, München, Berlin.)

Innere Ausstattung.

Auch für die innere Ausstattung gilt keine Regel. In einer kleineren Stadt genügt schon die Abtrennung eines Raumes durch eine Barriere. Anders dagegen wird in der Mittelstadt der Raum einzuteilen sein. Das Zimmer, in welchem sich der oder die Beamten befinden, wird durch verschiedene Schalter von den Warte- oder Anmelderäumlichkeiten geschieden. Zunächst ist ein Schalter vorzusehen zur gesonderten Entgegennahme der Aufträge der Arbeitgeber. Diesen ist es sehr oft unangenehm, zur selben Zeit am gleichen Schalter mit dem vielleicht soeben entlassenen Arbeiter zusammenzutreffen; auch ist es für sie eine Zeitersparnis, wenn sie ihre Gesuche sofort anbringen können, statt an einem gemeinsamen Schalter warten zu müssen, bis die Reihe an sie kommt. Dann sind für die Arbeitsuchenden soviel Schalter anzubringen, als Vermittlungsbeamte vorhanden sind.

Die Räume sind mit den nötigen Tischen, Stühlen, Regalen und Schränken auszustatten. In den Warteräumen für das Publikum ist für Schreibgelegenheit zu sorgen. Zu empfehlen ist hierfür, längs der Wände ein fortlaufendes Stehpult anzubringen. Dadurch wird Raum in der Mitte gewonnen zur Aufstellung von Bänken, Tischen, Stühlen. An den Wänden der Warteräume können Plakate befestigt werden, ferner muß sich die Hausordnung vorfinden (Form. Nr. 1). Als nützlich erweist es sich, die Warteräume mit Landkarte, Stadtplan und Zeitungen auszustatten, letztere ihres Inseratenteiles wegen.

Für jede Abteilung sollte besonderer Telephonanschluß vorgesehen werden.

Die Lokale sollen möglichst hell und luftig sein. Eine gute Ventilationseinrichtung ist erforderlich, schon des Publikums wegen, und mehr noch um der Beamten willen, die gezwungen sind, den ganzen Tag die schlechte Luft einzuatmen, die durch die Ausdünstung der oft sehr mangelhaft gekleideten Besucher der Anstalt entsteht. Während die Einrichtung in der männlichen Abteilung, wenn auch gefällig, so doch einfach gehalten werden kann, sollte in der weiblichen Abteilung auf die innere Ausstattung mehr Sorgfalt verwendet werden. Bei dem feinern Empfinden der Frau, bei ihrem natürlichen Schönheitsgefühl wird ein freundlich eingerichteter Raum immer eine größere Anziehungskraft ausüben, als das nüchterne kahle Aussehen eines Beamtenzimmers. Stattet man die Räume der weiblichen Abteilung mit entsprechenden Tapeten, gefälligen Möbeln, gutem Bilderschmuck aus, so wird das Ganze einen freundlichen Eindruck hinterlassen. Im übrigen ist auch hier ausreichende Schreibgelegenheit vorzusehen.

Die Anstalt sollte täglich gereinigt werden, mindestens einmal wöchentlich gründlich. Der Fußboden ist fleißig mit Bodenöl zu behandeln, damit die Staubentwicklung zurückgehalten wird. Je schmucker die Anstalt ist, um so lieber wird das Publikum sie benützen.

Die Geschäftsstunden.

Die Einteilung der Geschäftsstunden ist sehr verschieden. Die einen Anstalten halten sich an die üblichen Geschäftsstunden, andere wieder nehmen Rücksicht auf die Zeiten, in denen der Arbeiter seine Ruhepausen hat, um es diesen zu ermöglichen, sich ohne Verlust an Arbeitslohn nach Arbeit umzusehen. Bei der Festsetzung der Arbeitsstunden für die weibliche Abteilung richten sich manche Anstalten nach den Ausgangszeiten von Dienstherrschaft und Dienstpersonal.

Die Erfahrung lehrt jedoch, daß das Publikum sich leicht an die allgemein übliche Geschäftseinteilung hält, z. B. 8—12 und 2—6 Uhr. Denn in den Ruhepausen hat auch der Arbeiter wenig Zeit, weil diese Stunde zur Einnahme der Mahlzeiten bestimmt ist. Zu Unzuträglichkeiten hat es dort kaum geführt, wo die Geschäftsstunden der Arbeitsnachweisanstalt mit denjenigen der übrigen Ämter übereinstimmen.

Innerhalb dieser Stunden kann jedoch durch eine praktische Einteilung manches Vorteilhafte geschaffen werden. Zunächst sind mindestens zwei Stunden vorzusehen für schriftliche Arbeiten, Einreihung der mit der Post einlaufenden Gesuche, Erledigung der schriftlichen Gesuche von Stellensuchenden usw. Diese Stunden wird man am besten auf den Anfang der Geschäftsstunden legen, oder auch an den Schluß. Wo nicht besonderes Personal zur Besorgung schriftlicher Arbeiten zur Verfügung steht, ist dringend anzuraten, eine solche Stunde festzusetzen, denn es wird ungemein störend empfunden, wenn neben dem Schalterdienst noch andere Arbeiten erledigt werden müssen.

Zu empfehlen ist folgende Einteilung:

8—9 Uhr vormittags: schriftliche Arbeiten,
2—3 Uhr nachmittags: schriftliche Arbeiten,
9—12 Uhr vormittags: Schalterdienst,
3—6 Uhr nachmittags: Schalterdienst.

Wächst der Andrang der Arbeitsuchenden bei einer Anstalt, so erweist es sich zweckmäßig für die Vermittlung einzelner Berufsgruppen besondere Stunden zu bestimmen. Z. B. von 9—½10 Uhr gelernte Arbeiter, von ½10—12 Uhr ungelernte Arbeiter. Wenn mehrere Schalter vorhanden sind, kann die Teilung noch weiter durchgeführt werden. Auch kann, besonders in den Wintermonaten, die Vermittlungszeit so angesetzt werden, daß vormittags gelernte und nachmittags ungelernte Arbeiter vorsprechen.

Eine derartige Trennung der Vermittlungszeit nach Berufsarten oder Berufsgruppen empfiehlt sich besonders bei beschränkten Raum- und Personalverhältnissen. Abgesehen aber davon, wickelt sich das Vermittlungsgeschäft besser ab, wenn es der Beamte nur mit einer Kategorie der Arbeitsuchenden zu tun hat, als wenn alle Berufsarten, gelernte und ungelernte Arbeiter, zu gleicher Zeit abgefertigt werden.

Beamte.

Männliches Personal.

Die schwierigste Frage ist wohl die Besetzung der Vorstandsstelle mit einer geeigneten Persönlichkeit. Früher war man allgemein der Ansicht, diese Stellen sollten mit einem dem Handwerkerstand Angehörigen besetzt werden, da alsdann die Gewähr geboten sei, daß die Auswahl und Zuweisung von Arbeitskräften richtig erfolge. Allein es hat sich gezeigt, daß diese Ansicht nur zum Teil Berechtigung hat. Denn die Erfahrung hat gelehrt, daß sich auch der Nichthandwerker sehr wohl in die Eigenheiten der verschiedenen Berufe einarbeiten kann und imstande ist, das Vermittlungsgeschäft von den richtigen Gesichtspunkten aus zu besorgen. Auch hier wird die Einwohnerzahl der Stadt den Maßstab abgeben müssen. In kleineren Städten, in denen das Hauptgeschäft des ersten Beamten die Zuweisungstätigkeit ist, wird es einem Handwerker leicht sein, sich die nötige Geschäftsgewandtheit anzueignen. Je größer jedoch die Stadt ist, um so höher steigen die Anforderungen, die an den leitenden Beamten gestellt werden müssen. Er muß ein entschiedenes organisatorisches Talent, gute Umgangsformen und gewandtes Auftreten haben, da ihn seine Tätigkeit mit den verschiedensten Kreisen in Berührung bringt. Ganz besonders muß ihm ein feines Taktgefühl zueigen sein, das ihn befähigt, in schwierigen, gegensätzlichen Lagen, wie sie der Verkehr mit Arbeitgebern und Arbeitnehmern mit sich bringt, das Richtige zu treffen. Er muß Verständnis für soziale Fragen besitzen. Auch Gewandheit im schriftlichen Ausdruck darf selbstverständlich nicht fehlen. Er muß imstande sein, einen nach Form und Jnhalt einwandfreien Bericht zu schreiben, Jahresberichte abzufassen usw.

Von großer Bedeutung ist, daß der leitende Beamte seine Aufgabe nicht mechanisch auffaßt, nicht vom Standpunkt des Beamten, der da glaubt, seine Pflicht getan zu haben, wenn er seine Geschäftsstunden absitzt, sondern der ein lebhaftes Interesse an seiner Sache hat, ein Interesse, wie es beispielsweise der Kaufmann an seinem Geschäfte haben muß. Er muß danach trachten, seine Kundschaft zufrieden zu stellen, sie zu erhalten, den Kundenkreis zu erweitern, das Interesse der Bevölkerung für den Betrieb wach zu halten, in ihr das Bewußtsein zu wecken, daß eine Arbeitsnachweisanstalt unentbehrlich ist. Kann er dies nicht, faßt er seine Aufgabe bureaukratisch auf, so darf er sich nicht wundern, wenn ihm der Erfolg versagt bleibt und seine Anstalt nur ein kümmerliches Dasein fristet. Interesse und Liebe zur Sache müssen die Triebfeder des Arbeitsnachweisbeamten sein. Wenn aber der Beamte seine Aufgabe erfolgreich durchführen soll, so darf er vor allem nicht mit Nebenämtern belastet sein. Nur dort, wo der Beamte seine ganze Kraft dem Arbeitsnachweis widmen kann, wird man von ihm verlangen können, daß die Anstalt eine der Größe der Stadt entsprechende Bedeutung erlangt.

Bei der Besetzung der Gehilfenstellen ist ebenfalls darauf zu sehen, daß sie im Verkehr die nötige Gewandtheit besitzen und nebenbei eine geläufige deutliche Handschrift haben. Nimmt man bei ihrer Auswahl Rücksicht auf ihre Zugehörigkeit zum Handwerkerstand, so wird ihnen ihre Kenntnis aus ihrer Berufsstellung bei der Ausübung der Vermittlungstätigkeit zweifellos sehr zustatten kommen. Zur Pflicht muß ihnen gemacht werden ein höfliches, zuvorkommendes Benehmen gegen das Publikum, ohne Ansehen der Person, Geduld im Verkehr mit den Arbeitern, wenn diese auch einmal nicht gerade den vorschriftsmäßigen Weg einhalten. Übergriffe oder Verstöße hat er in höflicher, aber bestimmter Form zurückzuweisen, Ausschreitungen aber energisch entgegenzutreten. Im übrigen vergesse der Beamte nie, daß der einfache Arbeiter, der in anständiger Weise die Anstalt benutzt, genau denselben Anspruch auf höfliche und aufmerksame Behandlung hat, wie jeder Arbeite ber.

Als selbstverständlich sollte man die Unbestechlichkeit der Beamten voraussetzen. Gerade beim Arbeitsnachweis wird es von Arbeitgebern und Dienstherrschaften in offener oder versteckter Weise oft versucht, den Beamten durch Geschenke zur Bevorzugung bei der Zuweisung von Personal zu beeinflussen. Dagegen muß der Beamte sich entschieden verwahren. Würde es bekannt, daß der Arbeitsnachweisbeamte derartigen Anerbieten zugänglich ist, so wäre es mit dem Vertrauen in die Unparteilichkeit der Anstalt dahin, und der Beamte selbst würde sich kaum mehr von einem gewerbsmäßigen Stellenvermittler unterscheiden, bei dem der Standpunkt zu begreifen ist, daß derjenige, der am meisten bietet, zuerst berücksichtigt wird.

Die weiblichen Beamten.

Für die Stellenvermittlung von weiblichen Personen eignet sich am besten wieder eine weibliche Person. In kleinen Städten jedoch, wo der Vermittlungsverkehr an sich gering ist, wird zwar diese Tätigkeit gleichzeitig mit der Vermittlung von männlichem Personal von einem männlichen Beamten ausgeübt werden können.

Aber überall, wo es nur irgend angängig ist, sollte die Leitung der weiblichen Abteilung einer weiblichen Person übertragen werden, da eine solche viel eher das Vertrauen des weiblichen Publikums erwirbt, als ein männlicher Beamter.

Die Besetzung der Stelle der Vorsteherin der weiblichen Abteilung mit einer geeigneten Persönlichkeit ist deshalb ebenfalls sehr wichtig.

Man würde einen großen Fehler begehen, wenn man bei der Übertragung der Stelle sich von dem Gedanken leiten ließe, die Vorsteherin müsse die Qualifikation haben, die man im allgemeinen bei den gewerbsmäßigen Stellenvermittlerinnen voraussetzt. Im Gegenteil, je feinfühlender die Beamtin ist, je mehr Herzensbildung sie besitzt, um so besser wird sie sich für ihren Posten eignen. Es ist nicht immer leicht, den richtigen Ton zu treffen, wenn man bedenkt, daß sie mit allen Schichten der Bevölkerung in Berührung kommt. Sie hat mit der Baronin, der Bürgersfrau so gut zu verkehren, wie mit der Gouvernante, der Ladnerin, dem Dienstmädchen, der Wasch- und Putzfrau, der Fabrikarbeiterin. Sie hat die Klagen der Dienstherrschaften und des Dienstpersonals geduldig anzuhören, solange sie sich in mäßigen Grenzen halten, ihren großen und kleinen Anliegen Interesse entgegenzubringen. Manchmal wird sie in die Lage kommen, durch ein gütiges Wort oder einen freundlichen Rat ein niedergedrücktes Gemüt aufzurichten. Sie muß jedoch auch verstehen, die Vorwürfe, die der Beamtin in Zeiten des Dienstbotenwechsels oft gemacht werden, besonders von Herrschaften, denen kein Mädchen vermittelt werden konnte, in einer Form, die nicht verletzt, zu parieren.

Klugheit, rasche Auffassung, gutes Gedächtnis, Taktgefühl, Herzensbildung sind die Anforderungen, die nicht nur an die Leiterin der weiblichen Abteilung, sondern auch an die übrigen weiblichen Beamten gestellt werden müssen.

Was bei den männlichen Beamten über die Unbestechlichkeit gesagt wurde, gilt selbstverständlich auch für die weiblichen. Denn auch in der weiblichen Abteilung kommt es häufig vor, daß den Beamtinnen Geschenke angeboten werden, besonders von solchen Dienstherrschaften, denen es schwer wird, Personal zu bekommen und die damit die Beamtinnen zu einer ihnen günstigen Einwirkung auf stellesuchendes Personal zu beeinflussen suchen. Nur durch die strikte Zurückweisung aller derartigen Zumutungen wird das Publikum das Bewußtsein empfangen, daß die Anstalt beim Zuweisungsgeschäft volle Unparteilichkeit walten läßt. Daß die Beamten sich eines tadellosen Rufes erfreuen müssen, ist selbstverständlich.

Das Vermittlungsverfahren.

1. Die Registrierung der Gesuche.

a) Das Listensystem. Die ursprünglich und auch heute noch vielfach übliche Art, die Gesuche des Publikums zu registrieren, ist ihre Eintragung in Listen oder Bücher. Nach diesem System wird noch bei manchen Arbeitsnachweisanstalten gearbeitet, und es ist deswegen auch hier eine kurze Beschreibung am Platze, wenngleich es der Verfasser für die Zwecke des Arbeitsnachweises als unpraktisch und besonders für größere Anstalten als ungeeignet ansieht, wie im weiteren Verlauf dieser Darstellung nachgewiesen werden soll.

Die Listen oder Bücher gliedern sich in zwei Hauptarten:

1. die Arbeitgeberliste (Form. 2),
2. die Arbeitnehmerliste (Form. 3).

Von jeder Art sind so viel Hefte anzulegen, als die Anstalt Berufsarten oder Berufsgruppen führt. (In kleinen Städten genügt oft ein einzelnes Buch). Das können demnach je nach der Größe der Anstalt 20—30 Hefte jeder Art, somit 40—60 Hefte zusammen oder mehr sein. Manche Anstalten halten es für zweckmäßig, sämtliche Berufe in einem oder mehreren Büchern zu vereinigen und die Bezeichnung der Berufe registerartig am Rande einzuschneiden. Das letztere ist zweifellos übersichtlicher und mehr geeignet, die einzelnen Gesuche rasch aufzufinden.

In die Arbeitgeberliste werden die sämtlichen Gesuche der Arbeitgeber in der Reihenfolge der Anmeldung aufgenommen und in die Arbeitnehmerlisten die Namen derjenigen Arbeitsuchenden eingetragen, denen Arbeit zugewiesen werden kann. Bei einigen Anstalten hat man die Einrichtung getroffen, daß die Arbeitsuchenden Zettel ausfüllen und am Schalter abgeben, von welchen alsdann die Eintragung der Personalien in die Liste geschieht; das sogenannte gemischte System.

Wird ein Arbeiter in eine Stelle gewiesen, so wird die Nummer, unter der er eingetragen ist, in einer besondern Rubrik bei demjenigen Arbeitgeber vermerkt, dem er zugewiesen wurde, und umgekehrt die Nummer des Arbeitgebers in der Arbeitnehmerliste bei dem zugewiesenen Arbeiter. Ist ein Gesuch erledigt, sei es durch Einstellung, Zurücknahme, Fristablauf, so wird in den Listen ein Vermerk hierüber gemacht. Manche Anstalten benutzen zu diesen Vermerken dreierlei Farbstifte, um an der Farbe gleich zu erkennen, auf welche Art das Gesuch erledigt wurde.

Das Listen-, Buch- oder gemischte System hat große Nachteile. Einer davon ist seine Schwerfälligkeit. Fast durchweg sind die Gesuche der Arbeitgeber wie der Arbeitnehmer von der denkbar kürzesten Dauer. Das erledigte Gesuch (sei es durch Besetzung, Zurücknahme oder Fristablauf) ist außer für statistische Zwecke völlig wertlos. Es ist deswegen nicht einzusehen, weshalb dem Beamten eine solche umständliche zeitraubende Registrierung der Gesuche zugemutet werden soll, wie sie das Listensystem durch die eigenhändige Eintragung der Gesuche bedingt, während es gerade beim Betriebe einer Arbeitsnachweisanstalt darauf ankommt, die Gesuche rasch und doch zuverlässig zu erledigen. Die erledigten, wertlosen Gesuche können nicht herausgenommen werden, sondern bleiben das ganze Jahr hindurch in den Listen stehen und erschweren bei starkem Verkehr die Übersicht über die noch zu erledigenden Gesuche sehr. Die Unteilbarkeit dieses Systems, das starre Festhalten und Mitschleppen längst erledigter Gesuche ist einer der größten Nachteile, die diesem System anhaften. Er verhindert jede richtige Arbeitsteilung. Die Hefte sind stets zu ergänzen und frisch zu binden, sie müssen von Jahr zu Jahr umfangreicher angelegt werden und werden dadurch immer unhandlicher. Weitere Nachteile sind das ständige Heraussuchen der richtigen Hefte, das Nachschlagen, Umblättern, das Aufsuchen unerledigter Aufträge, das ebenfalls dazu beiträgt, daß das Zuweisungsverfahren umständlich und zeitraubend wird.

Daß auch in hygienischer und ästhetischer Hinsicht das Listensystem zu verwerfen ist, wird derjenige gerne zugestehen, der Gelegenheit hatte, die vom täglichen Gebrauch beschmutzten und schmierigen Hefte oder Bücher zu sehen.

b) Die Kartenregistratur. Das Kartensystem findet immer mehr Eingang, nicht nur in der Privatindustrie, sondern auch bei vielen öffentlichen Anstalten und Ämtern. Überall, wo es sich um viele gleichmäßige Einträge handelt, die einer öfteren Veränderung unterworfen oder von kurzfristiger Dauer sind, hat es sich gezeigt, daß das System, für jeden Eintrag eine besondere Karte oder einen Zettel anzulegen, dem Buchsystem weit überlegen ist. Denn durch die sofortige Ausschaltung erloschener Gesuche kann stets peinliche Ordnung über die noch zu erledigenden Gesuche gehalten werden. Ferner ermöglicht die bis auf die einzelne Karte gehende Teilbarkeit eine bis ins Kleinste gehende Arbeitsteilung. Auch ist die Hantierung mit einzelnen Karten leichter als mit großen Heften oder Büchern.

Es bedarf nach diesen Ausführungen eigentlich keiner näheren Erläuterung, daß das Kartensystem für den öffentlichen Arbeitsnachweis, dessen Geschäftsbild sehr rasch wechselt und täglich ein anderes ist, bedeutende Vorteile hat. Das hat man schon früher bei den Arbeitsnachweisen einiger Großstädte, wie Berlin, Wien, Budapest erkannt, bei denen das System mit Erfolg eingeführt ist. Allein die in diesen Städten geübte Art kann nicht ohne weiteres auf die Verhältnisse in Mittelstädten übertragen werden, denn in Großstädten hat es der einzelne Vermittlungsbeamte zumeist nur mit einer Berufskategorie oder Berufsgruppe zu tun, während der Beamte in Mittelstädten die Vermittlungstätigkeit gleichzeitig für alle oder eine große Anzahl von Berufen ausüben muß. Es war deshalb vor allem nötig, eine Einrichtung zu schaffen, in welcher die einzelnen, auf Karten geschriebenen Gesuche nach Berufen geordnet aufbewahrt werden können, so daß sie in der kürzesten Frist aufzufinden sind. Diese Bedenken veranlaßten den Verfasser, den auf den nachfolgenden Seiten beschriebenen Kartenkasten zu konstruieren, der auf dem kleinsten Raum eine vollständige Trennung der Gesuche nach Berufen ermöglicht. Dazu kommt der weitere Vorteil, daß das Publikum zur Mitarbeit herangezogen werden kann. Das geschieht in der Weise, daß die Gesuchskarten von den Benutzern der Anstalt selbst ausgefüllt und am Schalter abgegeben werden. Auf dem Gedanken der Mitarbeit des Publikums ist die Freiburger Kartenregistratur aufgebaut und verwirklicht. Was das bedeutet, möge das nachstehende Beispiel zeigen.

Angenommen, die Anzahl der Gesuche betrage bei einer mittleren Anstalt jährlich 30—40000 = 100—150 täglich. Während beim Listensystem der Beamte diese Gesuche eigenhändig in die Listen eintragen muß, füllt beim Kartensystem jeder Gesuchsteller sein Gesuch auf einer Karte selbst aus, die dann ohne weitere Umschreibung in dem Kartenkasten bis zur endgültigen Erledigung aufbewahrt wird. Der Beamte ist dadurch ganz bedeutend entlastet. Er kann sich infolgedessen viel rascher der eigentlichen mündlichen Vermittlungstätigkeit widmen, wodurch das oft stundenlange Warten der Arbeitsuchenden ganz bedeutend abgekürzt wird. Auch in finanzieller Beziehung gebührt dem Kartensystem der Vorzug. Nicht als ob die Kosten des Kartenmaterials wesentlich billiger kämen, wohl aber insofern, als die Leistung des Beamten sich ohne Mehrarbeit erhöht. Er wird dank der Mitarbeit des Publikums eine viel größere Zahl von Geschäftsvorfällen erledigen können. Daraus ergibt sich, daß das Vermittlungsgeschäft mit einer geringeren Zahl von Beamten, als beim Listen- oder Buchsystem, bewältigt und dadurch eine bemerkenswerte Ersparnis an Personalausgaben erzielt werden kann.

c) Die Freiburger Kartenregistratur. Bei der Freiburger Kartenregistratur sind zwei Dinge für sich gesondert zu betrachten:

1. die Karten, deren Text, Anlage usw.,
2. der Kartenkasten.

Die Karten, aus leichtem Bücherzettelkarton hergestellt, haben etwa die Größe einer Postkarte. Die Kartenform wurde gewählt, weil sich steife Kartonblättchen leichter handhaben, sortieren und besser in eine Vertikaleinrichtung einordnen lassen, als widerstandslose Papierzettel. Ferner liegt ein Vorzug darin, daß Karten als Postkarten im gesamten Verkehr die mannigfachste Verwendung finden können. Die Postkartengröße ist eine amtliche, im ganzen Geschäftsleben, im Weltverkehr eingeführte Größe, die für die Zwecke der Arbeitsvermittlung noch mehr als bisher dienstbar gemacht werden könnte. Sie ermöglicht noch weitere Vereinfachungen und Verbesserungen besonders im interlokalen und indirekten Vermittlungsverkehr. Zu unterscheiden sind zweierlei Karten:

1. **Kartenformular für Arbeitgeber,**
2. **Kartenformular für Arbeitsuchende.**

Die beiden Formulare unterscheiden sich nicht nur im Text, sondern auch in der Farbe, wodurch eine Verwechslung vermieden wird. Von großem Vorteil ist es, wenn die Karten für die Gesuche der Arbeitgeber in beiden Abteilungen noch einmal in zwei Farben geschieden werden, nämlich zur Unterscheidung der Gesuche in solche des lokalen und des interlokalen Verkehres. Der große Wert dieser weiteren Unterscheidung liegt darin, daß, wenn ein Arbeitsuchender erklärt, eine auswärtige Stelle nicht anzunehmen, sofort auf den ersten Blick und Griff die Karten des lokalen Verkehrs zur Hand sind, oder umgekehrt.

Es sind demnach Formulare nötig:

1. die Arbeitgeberkarte für lokalen Verkehr (rosa),
2. Arbeitgeberkarte für interlokalen Verkehr (grün) (Text bei beiden gleich),
3. Arbeitnehmerkarte (weiß).

T e x t d e r K a r t e n. Bei der Abfassung des Textes der Karten hat man sich zu vergegenwärtigen, wie schwer es oft Leuten wird, selbst anscheinend einfach abgefaßte Formulare richtig auszufüllen. Der Verfasser hatte oft Gelegenheit, von anderen Anstalten Formulare zu sehen, die eine solche Fülle von Fragen aufwiesen, daß es für die Gesuchsteller oft schwer gewesen sein muß, alle richtig zu beantworten. Praktischer dürfte es sein, anstatt der vielen, den Gesuchsteller oft verwirrenden Fragen nur wenige unumgänglich notwendige zu stellen, und das weitere durch mündliche Verhandlungen mit den Betreffenden zu ergänzen. Denn der Beamte erhält erst durch den mündlichen Verkehr von dem Gesuchsteller den richtigen Eindruck und wird über seine Wünsche genau orientiert. Aber auch der Gesuchsteller empfängt erst durch die mündliche Verhandlung das Bewußtsein, daß der Beamte seinen speziellen Wünschen das nötige Interesse entgegenbringt. Deswegen ist unter allen Umständen darauf zu sehen, daß die Fragestellung der Karte durch mündliche Fragen ergänzt wird, und aus diesem Grunde soll der Text möglichst einfach und verständlich gehalten sein.

Der Text für die A r b e i t g e b e r k a r t e d e r m ä n n l i c h e n A b t e i l u n g (Form. 4) wäre demnach etwa wie folgt aufzustellen:

Name ....
Betriebsart, Beruf ....
Wohnung ....
Gesucht wird: ....
Angaben über Alter, Lohn, ob mit oder ohne Kost, erforderliche Fähigkeiten.

Unter dem Strich ist die Karte in drei Spalten eingeteilt. Die erste trägt die Überschrift „Datum", die zweite „zugewiesen wurde", die dritte „eingestellt". Die Zuweisungsvermerke können auf der Rückseite fortgesetzt werden.

Die Arbeitnehmerkarte (Form. 5) hat folgende Überschrift: Männliche Abteilung, Gesuch um Zuweisung von Arbeit; ferner die üblichen Fragen nach Name, Beruf, Wohnort, Alter, ledig, verheiratet, wieviel Tage oder Wochen außer Arbeit, bei wem zuletzt gearbeitet usw.

Will man die schriftliche Arbeit der Beamten beim Vermittlungsvorgang noch weiter beschränken, so empfiehlt es sich, die Karten der Arbeitsuchenden mit Nummern zu versehen. Auf den Arbeitgeberkarten ist in diesem Falle als Zuweisungsvermerk nur die Nummer der Karte einzutragen, anstatt des Namens der Arbeitsuchenden. Die Numerierung der Karten kann durch die Beamten selbst erfolgen, wenn man einen Paginierapparat verwendet, der sich für diesen Zweck als sehr praktisch erweist.

In der weiblichen Abteilung ist der Text der Arbeitgeberkarte ähnlich, jedoch lauten die Fragen eingehender. Hier wird auf der Karte für Dienstherrschaften (Form. 6), welche die Überschrift trägt: Weibliche Abteilung, Arbeitgeberkarte, immer genaue Antwort verlangt über Lohnhöhe, Zeit des Eintritts, welche Fähigkeiten und Kenntnisse gewünscht werden usw. Die Karte für Stellensuchende (Form. 7) trägt die Überschrift: Weibliche Abteilung, Arbeitnehmerkarte. Sie enthält die üblichen Personalfragen, außerdem die Frage, „als was wird Stellung gesucht", „bei wem zuletzt in Stellung" usw.

Die gegenüber der männlichen Abteilung verschiedene Fragestellung wird bedingt durch die abweichende Behandlung der Geschäftsvorfälle, worüber später noch eingehender zu reden sein wird.

Die Kartenkasten, die der Verfasser konstruiert hat, sind Fächerkasten, in denen jedoch die Fächer für die Berufsabteilung nicht horizontal, sondern vertikal angelegt sind und die deswegen den denkbar kleinsten Raum beanspruchen. Zwei solcher Kasten werden staffelförmig übereinander gestellt, und zwar so, daß je eine untere und eine obere Abteilung miteinander korrespondieren. Ein Kasten ist etwa 1 Meter lang und in 40—50 Abteilungen oder Fächer von je 2 cm Weite eingeteilt. Auf der Vorderseite des Kastens sind zwei Nutenleisten angebracht. In diese Nutenführung werden kleine Kartentäfelchen eingeschoben, genau von der Breite einer Abteilung, auf welchen die einzelnen Berufe vorgedruckt sind, und in der Reihenfolge der Berufseinteilung aneinandergereiht. Durch eine einfache Vorrichtung am Ende des Kastens können diese Täfelchen festgemacht werden, so daß sie nicht verrückbar sind. Da die Täfelchen herausgenommen und wieder anders aneinandergereiht werden können, so ist die Möglichkeit vorhanden, innerhalb der kürzesten

Frist eine andere Berufseinteilung vorzunehmen. Zwar kann die Berufseinteilung auch auf einem einzelnen Stück Karton von der Länge des Kastens aufgezeichnet und befestigt werden, doch bietet die verstellbare Einteilung größere Vorteile. Ist die Berufseinteilung angebracht, so werden die obern und untern Abteilungen genau die gleichen Bezeichnungen aufweisen, z. B. trägt das obere Fach die Bezeichnung Schreiner, genau wie das direkt unten befindliche Fach. Die obere Abteilung nimmt die Gesuche der Arbeitgeber auf, die untere die Gesuche der Arbeitnehmer.

Jede Abteilung bedarf zwei solcher Kartenkasten; einen, in dem die laufenden, unerledigten Gesuche geordnet aufbewahrt werden, den Arbeitskasten, und einen, den Ablegekasten, der zur Aufnahme der abgelegten, erledigten Gesuchskarten, nach Berufen geordnet, bestimmt ist. Am Ende des Monats werden die in dem Ablegekasten befindlichen Karten zur statistischen Verarbeitung herausgenommen und danach zusammengebunden und aufbewahrt. Diese Ordnung trägt sehr viel zur raschen Aufstellung der Monatsstatistik bei.[1])

Wie sich das Zuweisungsverfahren nach dem Freiburger Kartensystem abwickelt, ist aus den folgenden Abschnitten zu entnehmen.

Die vorstehend beschriebene Kartenregistratur wird sich überall dort empfehlen,

1. wo der Beamte die Vermittlungstätigkeit gleichzeitig für viele gelernte und ungelernte Arbeiter ausüben muß;
2. wo zahlreiche Gesuche nicht sofort erledigt werden können, sondern einige Zeit unerledigt stehen bleiben müssen;
3. wo außer der lokalen Arbeitsvermittlung die interlokale bedeutend ist;
4. wo die Erledigung der Gesuche eine besonders eingehende individuelle Behandlung erfordert.

In allen diesen Fällen bedarf es einer sorgfältigen, zuverlässigen Sortierung und dauernden Aufbewahrung der Gesuche, nach Berufen geordnet, so daß jederzeit die unerledigten Gesuche auf einen Griff zur Hand sind. Auch wird die Mitarbeit des Publikums sich am besten durchführen lassen, wenn die Arbeitsvermittlung völlig unentgeltlich erfolgt. Diese Verhältnisse liegen zumeist bei den mittleren und kleineren Anstalten vor.

d) Das Berliner Kartensystem. In den größten Städten jedoch, wo der Massenverkehr in den Vordergrund tritt, und wo die Wirksamkeit der Anstalt sich mehr in der lokalen Arbeitsvermittlung äußert, hat sich das vom Zentralarbeitsnachweis in Berlin eingeführte Kartensystem bewährt. Der Geschäftsgang nach diesem System gestaltet sich folgendermaßen:

Bei der Einschreibung der Arbeitsuchenden, welche gegen Erlegung einer Gebühr von 20 Pf. erfolgt, wird Formular 8 ausgefüllt.

---

[1]) Auskunft über den Bezug der Kartenkasten (Gesetzlich geschützt, D. R. G. M.) erteilt das städtische Arbeitsamt Freiburg im Breisgau.

Die abgetrennte „Bescheinigung“ erhält der Arbeitsuchende, der Coupon verbleibt zur Aufbewahrung im Bureau. Die „Bescheinigung“, welche eine Gültigkeitsdauer von drei Monaten hat, dient dem Arbeitsuchenden als Legitimation für den Eintritt in den Wartesaal und für den Aufenthalt daselbst.

Die von den Arbeitgebern gemeldeten offenen Stellen werden auf Formular 9 übertragen.

Der Inspektor des Arbeitsnachweises ruft hiernach die gemeldeten Stellen im Wartesaal aus und wählt unter den sich Meldenden die nach seiner Meinung geeigneten Personen aus, wobei unter sonst gleichen Verhältnissen die verheirateten und bereits längere Zeit eingeschriebenen Arbeitnehmer bevorzugt werden. Allermeist werden mehr Arbeiter ausgewählt, als verlangt wurden, damit der Arbeitgeber in der Lage ist, eine engere Auslese zu treffen. Die vom Inspektor vorgewählten Arbeiter liefern diesem ihre „Bescheinigungen“ ab und haben unverzüglich den Arbeitgeber aufzusuchen, dem sie mit Formular 10 überwiesen werden.

Die vom Arbeitgeber nicht eingestellten Arbeiter müssen innerhalb 24 Stunden nach ihrer Entsendung ihre „Bescheinigung“ vom Bureau zurückfordern, widrigenfalls diese ihre Gültigkeit verliert. Da die Bescheinigung für den Arbeiter einen Wert von 20 Pf. (Einschreibegebühr) darstellt, erfolgt auch allgemein in solchen Fällen die Rückforderung des Scheins. Auf diese Weise wird ermittelt, welche Stellen tatsächlich besetzt worden sind: die nicht zurückverlangten „Bescheinigungen“ weisen eben die besetzten Stellen auf.

Auf diesen Bescheinigungen wird durch das Bureau sodann der Tag der Einstellung vermerkt, und auf dem Formular 11 (der Arbeitgebermeldung) werden in der Rubrik „Ergebnis des Gesuchs“ die Nummern derjenigen Bescheinigungen verzeichnet, welche nicht zurückgefordert worden sind. Auf Grund dieser Vermerke wird schließlich der bei der Einschreibung zurückbehaltene Coupon, der die gleiche Nummer trägt, durch die Angabe ergänzt, in welchem Berufe der Arbeitsuchende Stellung gefunden und wann er diese angetreten hat.

Diejenigen Arbeiter, denen nur eine ganz vorübergehende Beschäftigung nachgewiesen wurde, was der betreffende Arbeitgeber bescheinigen muß, erhalten bei ihrer Neuanmeldung im Bureau innerhalb einer Frist von vier Tagen seit Nachweisung der Arbeit kostenlos eine neue Bescheinigung, der auch ein neuer Coupon entspricht.

2. Die Zuweisung von Arbeitsuchenden.

a) Richtlinien für den Beamten beim Zuweisungsverfahren.

Soll das Zuweisungsverfahren von den richtigen Gesichtspunkten aus erfolgen, so muß für den Vermittlungsbeamten als erster Grundsatz gelten: die passende Person in die passende Stelle, d. h. er muß individualisieren. Er muß darauf achten, daß er dem Arbeitgeber Arbeiter zuweist, die dessen Anforderungen an Alter, Fähigkeiten usw. möglichst entsprechen, und gleicherweise wird er die Wünsche der Arbeitsuchenden zu berücksichtigen haben. Das wird er nur können, wenn er in seiner Tätigkeit durch keinerlei Bestimmungen eingeengt ist. Er muß in der Zuweisung von Arbeitskräften freie Hand haben; in sein Ermessen muß es gestellt werden, welchen Arbeiter er auf Grund seiner Eigenschaften und der Wünsche des Arbeitgebers zuweisen kann. Die Geschicklichkeit und der Erfolg eines Vermittlungsbeamten zeigt sich darin, daß er zu individualisieren versteht. Nur auf diese Weise werden in der kürzesten Frist die beiderseitigen Gesuche befriedigend erledigt werden können.

Zu verwerfen ist das Verfahren, die Arbeitsuchenden der Reihenfolge der Anmeldungen nach zuzuweisen, wie das früher, zum Teil auch heute noch geübt und neuerdings von Fachorganisationen vorgeschlagen wird. Eine derartige Bestimmung bereitet dem Vermittlungsbeamten die größten Schwierigkeiten, ja ihre Einhaltung ist für ihn eine Unmöglichkeit, wie das nachfolgende Beispiel zeigt. Angenommen, der Meister verlangt einen Gesellen unter 20 Jahren; an der Reihe, zugewiesen zu werden, ist aber ein Arbeiter von 40—50 Jahren, den der Meister nicht einstellen, und der selbst der Lohnhöhe wegen die Arbeit ablehnen würde. Der Vermittlungsbeamte weiß demnach zum voraus bestimmt, daß eine Vermittlung nicht zustande kommt. Nun aber kann es, wie es oft vorkommt, der Fall sein, daß mehrere gleichartige Arbeiter sich in der Anmeldung folgen. Sie alle kämen nicht in Betracht, denn der Meister kann nicht gezwungen werden, einen seiner Ansicht nach nicht passenden Arbeiter einzustellen. Oder aber, der Meister verlangt einen Gesellen für eine bestimmte Arbeit, z. B. selbständigen Arbeiter, Möbelschreiner für polierte Möbel. An der Reihe, zugewiesen zu werden, sind vielleicht mehrere junge Bau- und Möbelschreiner oder Bauschreiner, die nicht in der feinen Arbeit bewandert sind, und die der Meister demnach ablehnen müßte. Auch hier kann eine Vermittlung der Reihenfolge der Anmeldungen nach nicht zustande kommen. Würde der Vermittlungsbeamte getreu der Bestimmung die Leute dennoch zuweisen, so erwiese er sowohl sich, als auch den Arbeitgebern und Arbeitsuchenden den schlechtesten Dienst; sie alle würden sich über nutzlose Arbeit, vergeudete Zeit und vergebliche Gänge beklagen. Nur dann wird die Reihenfolge der Anmeldung in Betracht kommen, wenn für eine Stelle mehrere gleichgeeignete, gleichwertige Arbeitsuchende vorgemerkt sind, und in diesem Falle tut der Beamte wieder gut daran, die verheirateten, ortsansässigen Arbeiter zuerst zuzuweisen. Selbstverständlich dürfen für den Vermittlungsbeamten weder politische, konfessionelle noch gewerkschaftliche Gesichtspunkte bei der Zuweisung mitsprechen. Er wird jedoch davon Notiz nehmen, wenn entweder der Arbeitgeber oder der Arbeitnehmer Wünsche in dieser Richtung äußert. Verlangt zum Beispiel ein Arbeitgeber einen Arbeiter, der einer bestimmten Konfession angehört, oder stellt er die Bedingung, daß der Arbeiter keiner Organisation angehören darf, so wird der Vermittlungsbeamte diese Bedingungen dem Arbeitsuchenden mitteilen, der alsdann selbst entscheiden mag, ob er die angebotene Arbeit annehmen will oder nicht. Es bedarf in einem solchen Falle nicht einmal der Frage, ob der Arbeitsuchende der oder jener Richtung angehört; die Mitteilung der vom Arbeitgeber gestellten Bedingungen genügt vollkommen. Ein Gesuch solcher Bedingungen wegen zurückzuweisen, ließe sich mit dem Charakter einer allgemeinen öffentlichen Anstalt nicht vereinigen, die ohne Unterschied allen Schichten, allen Richtungen der Bevölkerung zu dienen hat und deswegen alle Gesuche um Vermittlung von Arbeitskräften oder Arbeit annehmen und mit der gleichen Sorgfalt zu erledigen suchen muß. Davon ausgenommen sind solche Gesuche, bei denen offensichtlich ein gemeingefährlicher oder unsittlicher Zweck verfolgt wird. In diesen Fällen wird er die Gesuche zurückweisen oder ihre Erledigung verweigern.

b) Die Zuweisung in der männlichen Abteilung.

Wie schon früher ausgeführt, ist in den Räumen, Warteräumen, Schalterräumen ausreichende Schreibgelegenheit vorzusehen, so daß sowohl für den persönlich vorsprechenden Arbeitgeber wie auch für den Arbeitnehmer die Möglichkeit vorhanden ist, seine Gesuchskarte selbst auszufüllen. Die Karten sind entweder im Warteraum aufzulegen, oder der Beamte gibt jedem Benützer auf Verlangen eine Karte zur Ausfüllung ab. Mit der Post oder durch Telephon eingehende Gesuche werden von dem Beamten auf Karten übertragen. Auch wird der Beamte solchen Leuten, denen infolge körperlichen Gebrechens, schwachen Augen usw. das Schreiben schwer fällt, bei der Ausfüllung der Karte behilflich sein. In allen andern Fällen hat er jedoch auf der Selbstausfüllung zu bestehen, oder andernfalls jede Auskunft über Arbeitsgelegenheit zu verweigern. Der Beamte nimmt nun die ausgefüllte Karte des Arbeitsuchenden entgegen, informiert sich durch rasches Lesen der Karte über die Personalien des Gesuchstellers und richtet mündlich noch weitere ergänzende Fragen an ihn. Darauf wird die Karte vom Beamten mit Gruppennummer und Datumstempel versehen. Alsdann nimmt der Beamte aus der oberen Abteilung 12 a — nehmen wir an, es handle sich um einen Schreiner — die Arbeitgeberkarten, gibt dem Arbeitsuchenden die etwa für ihn passenden Stellen bekannt, wobei selbstverständlich der Arbeitsuchende freie Wahl hat. Hat er sich entschieden, so wird der Beamte auf den Karten der gewählten Arbeitgeber an der hierfür vorgesehenen Stelle den Namen oder die Nummer des Arbeitsuchenden mit Datum vermerken (siehe Form. 4 und 5), die Zuweisungskarte oder den Zettel ausfüllen und dem Arbeitsuchenden aushändigen (Form. 12/13). Hierauf wird die Karte des Arbeitsuchenden in die untere und die Karten der Arbeitgeber wieder in die obere Abteilung der Fächer 12 a gestellt. Es ist noch zu bemerken, daß es sich als praktisch erwiesen hat, den Arbeitsuchenden nicht nur die Adresse eines Arbeitgebers, sondern mehrerer mitzuteilen, besonders solcher, deren Betriebe auf dem gleichen Wege zu erreichen sind. Das hat den Vorteil, daß, falls die eine Stelle schon besetzt ist, oder der Arbeiter dem einen Meister nicht passen sollte, der Weg zum Arbeitsamt erspart wird, und er sich gleich beim nächstwohnenden Arbeitgeber um Arbeit bewerben kann. So wird sowohl der Arbeitgeber, wie auch der Arbeiter in der kürzesten Zeit zum Ziele gelangen.

Dies Verfahren bewährt sich hauptsächlich bei den Berufen, in denen der Zahl der angemeldeten offenen Stellen eine geringere Zahl Arbeitsuchender gegenübersteht, besonders aber im interlokalen Verkehr. Ebenso ist es praktisch, dem Arbeitgeber nicht nur einen, sondern falls dies möglich ist, mehrere Arbeiter zuzuweisen, damit er eine gewisse Auswahl treffen kann.

Bringt der Arbeiter die Zuweisungskarte zurück, so wird auf der Karte desjenigen Arbeitsgebers, der ihn eingestellt hat, in die letzte Rubrik „eingestellt" das Wort „ja" geschrieben, die Karte herausgenommen und in dem Ablegekasten in dem Fach, das die gleiche Überschrift 12 a trägt, bis zur Aufstellung der Statistik am Schlusse des Monats aufbewahrt. Kommt der Arbeitsuchende zurück, ohne eingestellt zu sein, so werden ihm weitere Adressen von Arbeitgebern mitgegeben. Sollten jedoch keine für ihn passenden Stellen angemeldet sein, so erhält er eine „Vormerkekarte" (Form. 14). Diese Karte dient ihm als Legitimation, daß sein Gesuch bereits angemeldet ist, und enthebt ihn der Notwendigkeit, bei mehrmaligem Vorsprechen jeweils eine neue Gesuchskarte auszufüllen. Im übrigen erhält jeder, dem nicht sofort Arbeit nachgewiesen werden kann und der sich längere Zeit am Orte aufhält, eine Vormerkekarte, die für die Dauer eines Monats Gültigkeit hat. Dadurch werden Doppelzählungen eines und desselben Arbeiters nahezu vermieden und viel genauere und zuverlässigere Zahlen für die Statistik erreicht. Außerdem kann dem Arbeiter auf Grund des Datums seiner Vormerkekarte der Vorrang eingeräumt werden, wenn bei der Zuweisung in eine Stelle mehrere gleichwertige, gleichgeeignete Bewerber vorhanden sind. Alle erledigten, erloschenen oder zurückgenommenen Gesuche werden sofort aus dem Arbeitskasten ausgeschieden. Je sorgfältiger dies geschieht, um so genauer wird die Übersicht über die noch zu erledigenden Gesuche. Darin liegt ein Hauptvorteil des Kartensystems gegenüber dem Listensystem, daß es dem Beamten durch die sofortige Ausscheidung der erledigten Gesuche ermöglicht wird, nur die noch offenstehenden Gesuche vor Augen zu haben, ohne, wie beim Listensystem durch die bunt untereinander stehenden erledigten und unerledigten Gesuche verwirrt zu werden.

Eine regelmäßige Ausscheidung der erloschenen Gesuche ist demnach unbedingt erforderlich, und dies wird am besten dadurch erreicht, daß wöchentlich an einem der „stillen" Tage am Schlusse der Woche die sämtlichen Arbeitgeberkarten einer gründlichen Durchsicht unterzogen und diejenigen herausgenommen werden, die Zuweisungsvermerke von Arbeitern haben und die nur deswegen noch unter den unerledigten Gesuchen stehen, weil weder von den Arbeitgebern noch von den zugewiesenen Arbeitern Nachricht an das Amt gelangte, ob eine Einstellung zustande kam.

Diese Arbeitgeber werden durch eine Karte angefragt (Form. 15), ob die zugewiesenen Arbeiter eingetroffen sind, ob weitere Zuweisung erwünscht ist usw. Falls innerhalb acht Tagen keine Antwort eintrifft, wird der Auftrag als erloschen betrachtet. Sind die Anfragekarten einerseits das vorzüglichste Mittel, sich jederzeit Kenntnis zu verschaffen, welche der angemeldeten Stellen noch unbesetzt sind (bekanntlich wird es von den Arbeitgebern in vielen Fällen versäumt, der Arbeitsnachweisanstalt rechtzeitig von der Besetzung der angemeldeten Stelle Nachricht zu geben, wodurch oft für die Beamten und Arbeitsuchenden Unannehmlichkeiten entstehen), so sind sie andererseits geeignet, das Publikum an eine Anstalt zu fesseln. Die Arbeitgeber entnehmen daraus, welch großes Interesse die Arbeitsnachweisanstalt der Besetzung der Stellen widmet, und gelangen zu dem Bewußtsein, daß, wenn auch die Anstalt nicht in der Lage war, die Stelle zu besetzen, sie sich doch in dieser Richtung bemüht hat. Manche Vorwürfe, die gerne von Arbeitgebern den Anstalten oder ihren Beamten gemacht werden, verschwinden, mancher unnütze Gang wird den Arbeitsuchenden erspart bleiben. Aber noch von einem andern Gesichtspunkte aus ist das fleißige Anfragen zu empfehlen. Wohl alle Anstalten klagen mit Recht darüber, daß die Zahl der erfolgreichen Einstellungen um deswillen so schwer festzustellen sei, weil in sehr vielen Fällen die Zuweisungskarten von den Arbeitsuchenden nicht zurückgebracht werden. Manches wurde schon versucht diesen Übelstand zu beseitigen; die Anstalt in Mannheim setzte Prämien aus von Mk. 5.— für den 1000. Zuweisungszettel, der zurückgebracht wird, andere Anstalten verlangen eine Hinterlegungsgebühr, die den Arbeitsuchenden zurückbezahlt wird, sobald er die Zuweisungskarte zurückbringt. Beim Zentralverein für Arbeitsnachweis in Berlin hat der Arbeitsuchende eine Einschreibegebühr von 20 Pfg. zu entrichten; die Giltigkeit der Einschreibung erlischt (siehe Seite 16), wenn der Arbeitsuchende, falls er in Arbeit gewiesen wird, nicht innerhalb 24 Stunden die Bescheinigung über die Einschreibung zurückverlangt. Kommt er in dieser Zeit nicht zurück, so wird angenommen, daß die Stelle durch ihn besetzt ist.

Aber weder durch dieses, noch die vorherbezeichneten Mittel, ist mit Gewißheit festzustellen, ob das Gesuch des Arbeitgebers tatsächlich durch Besetzung erledigt ist, denn erfahrungsgemäß finden die Arbeitsuchenden oft unterwegs Arbeitsgelegenheit, so daß sie auf die ihnen gebotene Vergünstigung verzichten. In den Berufen jedoch, in denen eine große Überzahl an Arbeitsuchenden vorhanden ist, wird das

Berliner Verfahren von Vorteil sein, wenn gleich dadurch das Prinzip der Gebührenfreiheit, das für die öffentlichen Arbeitsnachweise fast durchweg maßgebend ist, durchbrochen wird.

Es bleibt deswegen nur übrig, durch Anfragen beim Arbeitgeber festzustellen, ob seine Stellen noch unbesetzt sind, oder ob sie durch die zugewiesenen Arbeiter besetzt wurden. Durch dies Verfahren wird einigermaßen die richtige Zahl der erfolgreichen Vermittlungen festgestellt werden können.

Den Verwaltungsbeamten kann nur geraten werden, sich in ausgedehntem Maße solcher Anfragekarten zu bedienen. Die geringe Mühe, die ihnen daraus erwächst, wird reichlich aufgewogen durch das wachsende Vertrauen des Publikums in die Anstalt.

Die mechanische Arbeit beim Zuweisungsverfahren kann noch durch verschiedene Mittel vereinfacht werden. Als solche sind zu verzeichnen: die Stempel, die in jeder Form angewendet werden können. Praktisch sind die kleinen verstellbaren Datumstempel (Preis Mk. 1.—). Ein sogenannter Typenkasten zum Selbstzusammenstellen von Stempeln wird ebenfalls gute Dienste leisten. Von Vorteil ist es, wenn der Beamte anstatt Tinte und Feder das Tintenblei im Vermittlungsverkehr benützt. Wo es möglich ist, soll der Beamte im Vermittlungsverkehr das Telephon benützen.

c) Die Zuweisung in der weiblichen Abteilung.

Die Behandlung der Geschäftsvorfälle in der weiblichen Abteilung weicht von derjenigen in der männlichen Abteilung ab, besonders dann, wenn es sich um Vermittlung von häuslichen Dienstboten handelt. Der Unterschied zwischen der männlichen und weiblichen Abteilung liegt eben darin, daß es sich zumeist um Personen handelt, die in häuslicher Gemeinschaft zusammen zu leben haben, abgesehen freilich von gewerblichen Arbeiterinnen, Wasch- und Putzfrauen usw. Es ist klar, daß, um hier verträgliche Verhältnisse zu schaffen, die Dienstherrschaft die in ihr Haus eintretende neue Person genau prüft und andererseits die Dienstnehmende ebenso genau sich über die Verhältnisse der Dienstherrschaft erkundigt, bei der sie eintreten möchte. Von den Beamtinnen sind deswegen die einzelnen Aufträge viel genauer zu prüfen, der Auswahl der Personen, die zusammengebracht werden sollen, die größte Sorgfalt zuzuwenden. Dazu gehört die Prüfung der Zeugnisse, ein gutes Maß Menschenkenntnis, kurzum wiederum die weitgehendste Individualisierung.

Der Geschäftsvorgang ist übrigens, was Registrierung und Zuweisung anbelangt, im großen ganzen dem der männlichen Abteilung ähnlich.

Die Tätigkeit der Beamtinnen darf sich jedoch nicht auf die Zuweisung von Dienstboten im engeren Sinne beschränken, denn der anhaltende Dienstbotenmangel zwingt dazu, auch andere Wege einzuschlagen, die zu Vermittlungen führen können. Es kommt wohl selten vor, daß unter den heutigen Verhältnissen ein Dienstmädchen lange stellenlos ist; meist kann es von einem Tage auf den andern wieder in Stellung gebracht werden. Die Anstalt ist deswegen nur selten in der Lage, den Gesuchen der Dienstherrschaft um Zuweisung von Dienstboten sofort zu entsprechen. Die Beamtin wird nun einen Schritt weitergehen; sie wird den Dienstherrschaften die Adressen stellensuchender Dienstboten mitteilen, selbst wenn diese schon Zuweisungskarten erhalten, jedoch noch keine Antwort zurückgebracht haben, ob sie eingestellt worden sind. Bei dem erwähnten Dienstbotenmangel wird die Dienstherrschaft keine Mühe scheuen, auf ihre Kosten in Erfahrung zu bringen, ob das Mädchen noch ohne Stellung ist. Die Anstalt hat den Gewinn, daß sie dadurch in vielen Fällen erfährt, ob und wo ein Mädchen untergebracht ist. Diese Art der Vermittlung — die Verweisung von Dienstherrschaften an Dienstboten — (Form. 16) empfiehlt sich auch deshalb, weil die freie Zeit der stellensuchenden Dienstboten, solange sie noch im Dienst sind, zumeist so beschränkt ist, daß sie nicht längere Zeit an einem Tage auf das Suchen von Stellen verwenden können. Sie verlangen aus diesem Grunde stets mehrere Adressen von Dienstherrschaften, um dann — manchmal erst nach mehreren Tagen — wie es ihnen paßt, sich bei den angegebenen Herrschaften vorzustellen, falls sie in der Zwischenzeit nicht anderweitig Stellung gefunden haben. In der gleichen Weise wird mit den Gesuchen derjenigen Stellensuchenden verfahren, die sich schriftlich an die Anstalt wenden. Zunächst wird, falls dies nicht gleich geschehen ist, die Einsendung von Zeugnissen und Photographie verlangt; dann wird das Gesuch passenden Dienstherrschaften vorgelegt, und diese veranlaßt, sich direkt schriftlich mit dem Mädchen in Verbindung zu setzen. Eine weitere Art der Vermittlung ist das direkte Verhandeln der Parteien in dem Bureau des Arbeitsamtes, wofür bei manchen Anstalten bestimmte Räume vorgesehen sind. Diese Art wird von den Dienstherrschaften immer häufiger geübt — auch eine Erscheinung des Dienstbotenmangels. Die Dienstherrschaften warten oft ab, bis ein geeignet scheinendes Mädchen vorspricht, um nach erfolgreicher Verhandlung sofort den Vertrag auf dem Bureau abzuschließen. Von der Geschicklichkeit der Beamtin hängt es in hohem Maß ab, daß die passenden Persönlichkeiten in solchen Fällen zusammenkommen.

Zeugnisse sollten, soweit sie die Stellensuchenden nicht sofort benötigen, stets angenommen oder Abschriften davon verlangt werden. Sie sind alsdann in besonderen Umschlägen aufzubewahren, auf deren Außenseite die Personalien der Stellensuchenden verzeichnet sind (Form. 17). Auch empfiehlt es sich, ein Verzeichnis der Arbeitsnachweisanstalten eines Bezirkes oder einer Provinz aufzudrucken, damit das Mädchen sofort weiß, wo es sich hinzuwenden hat, falls es in eine andere Stadt kommt. Denn mit der Zurückgabe der Zeugnisse erhält das Mädchen auch den absichtlich stark gefertigten Umschlag, den es gern zur dauernden Aufbewahrung seiner Papiere benützt.

Was bei der männlichen Abteilung von den Anfragen bei den Arbeitgebern über Einstellung oder Nichteinstellung zugewiesener Arbeitskräfte gesagt ist, gilt in erhöhtem Maße für die weibliche Abteilung. Hier ist das Beamtenpersonal oft schweren Vorwürfen des Publikums ausgesetzt, die sich durch das Anfrageverfahren jedoch sehr vermindern lassen.

d) Vormerkeregister.

Zum größten Teil vollzieht sich die Arbeitsvermittlung sehr rasch, Zug um Zug, d. h. die Gesuche der Arbeitnehmer sind zumeist von kurzer Dauer. Man kann deswegen auf die meisten Gesuche nicht zurückgreifen, falls ein Arbeitgeber einen Arbeiter sofort nötig haben sollte. Einesteils haben die Gesuchsteller anderweitig Stellung gefunden, andernteils befinden sich viele Arbeiter nur auf der Durchreise und sind schon längst wieder abgereist, wenn man sie am nötigsten braucht. Es werden jedoch oft Leute gesucht für Arbeiten, die nur vorübergehend sind, oder es suchen ortsansässige Leute Arbeit, deren Beruf es mit sich bringt, daß sie nicht von heute auf morgen Arbeit finden. Für solche Fälle empfiehlt sich ein Vormerkeregister, in welches alle derartigen Gesuche eingetragen werden, z. B. Schreibgehilfen, Kaufleute, Herrschaftsdiener, Herrschaftsgärtner, Köche, Wärter usw. Wird zum Beispiel ein Schreiber verlangt, so wird es angenehm empfunden, wenn man sofort die Adresse eines solchen angeben kann.

Die Anstalt wird gut tun, sich auch alle Adressen von Leuten zu notieren, die ihren festen Wohnsitz am Orte haben und für spezielle Arbeiten — Parkettboden abspänen, Teppich reinigen usw. — bald hier, bald dort Beschäftigung annehmen. Durch dieses Vormerken ist die Anstalt jederzeit in der Lage, auf Verlangen die Adressen solcher Arbeitskräfte sofort nachzuweisen.

Auch kann der Vorgemerkte, falls passende Arbeitsgelegenheit angemeldet wird, aufgefordert werden (Form. 18), sich zu einer bestimmten Zeit im Geschäftszimmer einzufinden, wo ihm die Zuweisungskarte ausgehändigt wird. Oder aber die Adresse des Arbeitgebers wird ihm sofort schriftlich mitgeteilt, so daß er sich direkt mit demselben in Verbindung setzen kann.

Sobald einer der Vorgemerkten Beschäftigung erhält, wird für ihn eine Arbeitnehmerkarte ausgefüllt und er als Arbeitsuchender in die laufenden Gesuche eingereiht, wodurch der Geschäftsvorfall beim Abschluß der Monatsstatistik zum Ausdruck kommt.

Besondere Sorgfalt ist der Führung eines Vormerkeregisters in der weiblichen Abteilung zu widmen. Es muß dafür gesorgt werden, daß stets Adressen von empfehlenswerten Putz-, Lauf-, Monats-, Aufwart-, Waschfrauen, Näherinnen, Büglerinnen usw. zur Hand sind, so daß sofort dem Verlangen nach solchen entsprochen werden kann. Ebenso ist das Aushilfepersonal stets sorgfältig vorzumerken. Schon zeitig im Frühjahr meldet sich Personal für Saisonstellen; die Adressen müssen genau aufgezeichnet werden, damit sie bei Bedarf den Hotelbetrieben vorgelegt werden können.

3. Interlokaler Verkehr.

a) Gesuche von auswärtigen Arbeitgebern.

Die Gesuche der auswärts wohnenden Arbeitgeber werden, wie schon oben bemerkt, auf grüne Karten übertragen. Sofort nach Eintreffen des Gesuchs wird dem Arbeitgeber eine Karte (Form. 19) zugeschickt, mit der Mitteilung, daß sein Gesuch für die Dauer eines Monats vorgemerkt sei. Wird die Stelle innerhalb dieser Zeit besetzt, so ist dem Arbeitsamt Nachricht davon zu geben; sollte dies unterbleiben und infolgedessen Arbeitsuchende veranlaßt werden, die Reise dorthin zu machen, so hat der Arbeitgeber die Verpflichtung, den Mann für die vergebliche Reise mindestens durch Zahlung der Hin- und Rückreise zu entschädigen. Trotz des ausdrücklichen Hinweises kommt es vor, daß Arbeitgeber diese Verpflichtung nicht erfüllen. In solchen Fällen empfiehlt es sich, den Betreffenden darauf aufmerksam zu machen, daß die Anstalt in Zukunft nicht mehr in der Lage ist, ihm Arbeiter zu vermitteln, falls er seine Verpflichtungen nicht erfülle. Ob ein rechtlicher Anspruch auf Zahlung der Reiseentschädigung besteht und ob ein solcher Anspruch vor Gericht erfolgreich durchzusetzen sein wird, ist bis jetzt, soweit bekannt, noch nicht entschieden. Jedenfalls ist der Verfasser der Meinung, daß der Arbeitgeber, wenn er auf die Mitteilung des Amtes keine gegenteilige Antwort gibt, stillschweigend die Bedingungen des Amtes anerkennt und aus diesem Grunde auch rechtlich, nicht nur moralisch, verpflichtet ist, dem Arbeitsuchenden bei vergeblichen Reisen die Hin- und Rückreise zu entschädigen. Bei den Umständlichkeiten, die eine gerichtliche Entscheidung im Gefolge hat, dürfte der oben angegebene Weg der Selbsthilfe vorzuziehen sein. Es gibt auch Fälle, in denen es dem Arbeitgeber nicht zugemutet werden kann, Entschädigung zu zahlen; denn es finden sich unter den Arbeitsuchenden Leute, die es sich zum Gewerbe machen, von der Anstalt in eine auswärtige Stelle zugewiesen zu werden, ohne gewillt zu sein, in Arbeit zu treten, sondern lediglich in der Absicht, von dem Meister eine Entschädigung oft über die berechtigte Höhe herauszupressen und alsdann weiter zu wandern. Derartige Leute geben beim Vorsprechen in berechnender Weise den Willen kund zu arbeiten, gebärden sich jedoch so, daß dem Arbeitgeber die Lust vergeht, sie einzustellen. Wenn in einem solchen

Falle der Arbeitgeber die Zahlung einer Entschädigung verweigert, so wird ihm niemand einen Vorwurf daraus machen können. So wenig aber dem Arbeitgeber, der unberechtigter Weise die Entschädigung vorenthält, keine Leute mehr vermittelt werden sollten, ebenso ist auch dem Arbeiter, der in frivoler Weise Reiseentschädigung zu erpressen sucht, die Hilfe der Anstalt ferner zu verweigern. Die Anstalten sollten deswegen in jedem einzelnen Falle die Sachlage prüfen und danach ihre Maßregeln treffen.

b) Schriftliche Gesuche von auswärtigen Arbeitsuchenden.

Häufig wenden sich auch Arbeitsuchende von auswärts schriftlich an die Anstalt. In solchen Fällen wird zunächst eine Arbeitnehmerkarte ausgefüllt und in das betreffende Fach des Kartenkastens gesteckt. Dann werden etwa passend scheinende Stellen ausgewählt und dem Arbeitsuchenden durch Postkarte (Form. 20) mitgeteilt, mit der Aufforderung, sich schriftlich an die genannten Adressen zu wenden. Der Name des Arbeitsuchenden wird auf der Arbeitgeberkarte vermerkt. Oder aber, wenn keine passenden Stellen angemeldet sind, erhält er eine Postkarte (Form. 21) mit dem Vermerk, daß sein Gesuch vorgemerkt sei.

4. Indirekter Verkehr.

Mit der fortschreitenden Entwicklung des Arbeitsnachweises ging die Ausgestaltung des auswärtigen Vermittlungsverkehrs Hand in Hand. Dem direkten Verkehr folgte der indirekte, d. h. der Vermittlungsverkehr von Anstalt zu Anstalt. Anfänglich geschah dies in der Weise, daß sich die einzelnen Anstalten wöchentlich ein Verzeichnis der bei ihnen offen stehenden Stellen zusandten, ohne nähere Bezeichnung des Arbeitgebers. Hatte die andere Anstalt einen Arbeiter angemeldet, der Lust hatte, auswärts zu gehen, so veranlaßte sie ihn, sich an die erste Anstalt zu wenden, von der er dann geeigneten Falls an die Adresse des Arbeitgebers gewiesen wurde. Seit einer Reihe von Jahren ist die indirekte Vermittlung in Süddeutschland durch die Einrichtung sogenannter Landeszentralen (Württemberg, Baden, Elsaß-Lothringen) organisiert. In jüngster Zeit fand diese Organisation auch in Norddeutschland in einigen Landesteilen Eingang. Nach diesem Verfahren wickelt sich das indirekte Vermittlungsgeschäft wie folgt ab:

Die einzelnen Anstalten stellen wöchentlich dreimal an bestimmten Tagen die bei ihnen angemeldeten offenen Stellen auf einem einheitlichen Formular zusammen (Form. 22), dabei ist darauf zu achten, daß nur solche Stellen aufgenommen werden, die voraussichtlich in den nächsten Tagen nicht besetzt werden können. Das Verzeichnis ist rechtzeitig an die als Landeszentrale geltende Anstalt abzusenden, so daß es regelmäßig zu einer bestimmten Stunde dort eintrifft. Die Landeszentrale stellt wieder die Verzeichnisse der einzelnen Anstalten in einer besonderen Liste zusammen, vervielfältigt sie und versendet diese sogenannte Vakanzenliste (Form. 23) noch am gleichen Tage an sämtliche Anstalten des Landes, an die nächsten Anstalten der Nachbarstaaten, an die größeren Gemeinden, so daß im ganzen Lande gleichzeitig bekannt wird, wo und welche Arbeitskräfte gesucht werden. Der Beamte kann sich zu jeder Zeit orientieren, wohin er überschüssige Arbeitskräfte zuweisen kann. Er hat jedoch, bevor er einen Arbeiter zuweist, sich bei der in Frage kommenden Anstalt zu erkundigen, ob die ausgeschriebene Stelle noch frei ist, und ob sich der Arbeiter voraussichtlich für die Stelle eignet. In vielen Fällen wird er der Zeitersparnis wegen das Telephon benützen, in andern Fällen kann der Arbeitsuchende zur Benützung einer Postkarte mit anhängender Antwortkarte angehalten werden, deren Frankierung das Arbeitsamt übernimmt (Form. 24). Auf die letztere Art hat der Arbeitsuchende die Möglichkeit, sich gleichzeitig mit mehreren Anstalten in Verbindung zu setzen. Dadurch wird die Wahrscheinlichkeit, Arbeit zu erhalten, größer, während die Ausgaben der Anstalt sich verringern.

Erhält das Amt oder der Arbeitsuchende eine zusagende Antwort, so wird der letztere unverzüglich nach der bezeichneten Arbeitsstelle oder dem Arbeitsamt reisen, wozu er von dem Arbeitsamt einen Schein zur Erlangung einer Fahrpreisermäßigung Form. 25 erhält. Die Kosten der Benützung des Telephons trägt in solchen Fällen die Landeszentrale.

5. Interprovinzieller Verkehr.

In neuerer Zeit machen sich Bestrebungen geltend, durch Vermittlung von Arbeitern einen Ausgleich von Arbeitsangebot und Nachfrage in größerem Umfange, von Provinz zu Provinz, von Land zu Land herbeizuführen. Wie weit sich ein solcher Ausgleich ermöglichen läßt, ist schwer zu sagen. Auf alle Fälle muß bei solchen Vermittlungen genau darauf geachtet werden, ob sich die Arbeiter für die vorgesehene Arbeit körperlich eignen, ob die Lebenshaltung nicht zu verschieden ist, ob die Bedingungen vorhanden sind, die unter normalen Verhältnissen dauernde Arbeitsverhältnisse gewährleisten. Zuweisung von Arbeitern, die körperlich oder moralisch nicht geeignet sind, würde den Bestrebungen des öffentlichen Arbeitsnachweises mehr schaden als nützen. Je weiter entfernt die Arbeitsstellen sind, um so sorgfältiger muß die Auswahl der Arbeiter erfolgen. Eine Darstellung des praktischen Verfahrens bei der interprovinziellen Arbeitsvermittlung kann erst nach weiteren Erfahrungen gegeben werden.

Einzelne Vermittlungszweige.

1. Lehrstellenvermittlung.

Ein schwieriges Gebiet des öffentlichen Arbeitsnachweises ist die Lehrstellenvermittlung. Die Vermittlungsergebnisse in diesem Zweige sind meist sehr gering. Einer übergroßen Zahl Lehrstellen steht in der Regel nur eine niedere Zahl Lehrstellenbewerber gegenüber, und von diesen wird wieder nur ein geringer Prozentsatz durch die Anstalt in Stellen gebracht. Die geringen Vermittlungsergebnisse sind auf verschiedene Ursachen zurückzuführen. Einesteils ist es Tatsache, daß die Neigung, ein Handwerk zu erlernen, im Rückgang begriffen ist, anderseits werden die Lehrstellen von den Eltern zumeist direkt aufgesucht, ohne irgendeine Vermittlung in Anspruch zu nehmen. Der öffentliche Arbeitsnachweis hat jedoch gerade diesem Zweig besondere Beachtung zu schenken. Die Überzahl von Arbeitskräften in den ungelernten Berufen beginnt nachgerade bedenklich zu werden. Hier, soweit es in ihrer Macht steht, regulierend einzugreifen, ist eine wichtige Aufgabe des öffentlichen Arbeitsnachweises. Das ist von einer Anzahl Arbeitsämtern erkannt worden und hat verschiedene organisatorische Maßnahmen hervorgerufen. Als unerläßlich wurde die Mitwirkung der Schule bei der Lehrstellenvermittlung angesehen. Bei der Anstalt in Freiburg wurde schon im Jahre 1902 die Schulbehörde gebeten, die zur Entlassung kommenden Schüler auf die Wichtigkeit der Erlernung eines Handwerkes hinzuweisen und sie wegen Vermittlung einer Lehrstelle auf die Anstalt aufmerksam zu machen. Auch in Stuttgart wurde dieser Weg beschritten; in München wurde die Mitwirkung der Schule erheblich erweitert, unterstützt und gefördert von der Regierung. Dort haben die Lehrer die Pflicht, die abgehenden Schüler sorgfältig zu überwachen, ob sie sich regelmäßig beim städtischen Arbeitsamt um eine Lehrstelle bemüht haben. Ähnlich wird die Sache in Straßburg gehandhabt; man ist jedoch einen Schritt weiter gegangen, indem man die Schüler auffordert, sich einer ärztlichen Untersuchung zu unterziehen, ob sie im Hinblick auf die Berufskrankheiten für den von ihnen gewählten Beruf geeignet sind. Es läßt sich darüber streiten, welcher Weg der gangbarste und geeignetste ist. Jedenfalls passen die geschilderten Maßnahmen nicht für alle Verhältnisse. Was für die Großstadt sich trefflich eignen mag, kann auf die Verhältnisse einer Mittel- oder Kleinstadt nicht immer angewendet werden.

Zwei Grundsätze bleiben jedoch bei diesem Zweig des Arbeitsnachweises bestehen:

1. Bei der Lehrstellenvermittlung ist die Mitwirkung der Schule erforderlich. In welchem Umfange und in welcher Weise dies zu geschehen hat, richtet sich jeweils nach den Verhältnissen des Ortes.

2. Die Lehrstellenvermittlung soll im Benehmen mit den Handwerkerorganisationen, Handwerkskammern, Gewerbevereinen, Innungen erfolgen, und zwar sollten die Organisationen ihre Mitglieder jeweils auf die Vermittlungen des öffentlichen Arbeitsnachweises aufmerksam machen.

In Mittel- und kleineren Städten dürfte es genügen, wenn die Anstaltsleitung, möglichst schon im November oder Dezember, sich an die im Orte bestehenden Handwerkerorganisationen wendet und der Schulleitung Fragekarten (Form. 26) übergibt mit dem Ersuchen, sie durch die Klassenlehrer an die zur Entlassung kommenden Schüler verteilen zu lassen. Außerdem hat der Lehrer mehrere Male die Schüler auf die Wichtigkeit der Erlernung eines Berufs hinzuweisen und die Schüler aufzufordern, die Fragekarten auszufüllen und der Arbeitsnachweisanstalt zurückzugeben, die dann das weitere veranlassen wird. Auf Grund der erlangten Adressen von lehrstellensuchenden Knaben wird der Beamte den Knaben Lehrstellen zuweisen oder die Meister auf die Knaben aufmerksam machen und ihnen anempfehlen, sich mit den Eltern in Verbindung zu setzen. Der Beamte wird aber auch gut tun, in enge Fühlung mit Fürsorgevereinen, z. B. dem Verein für Jugendschutz und Gefangenenfürsorge, zu treten, um sie zu veranlassen, bei armen, begabten, braven Knaben Bezahlung des Lehrgeldes ganz oder teilweise zu übernehmen.

Diese Vereine setzen sich entweder die Beratung und Unterbringung schulentlassener Ganz- oder Halbwaisen in Lehrstellen zum Ziel, oder sie beschränken sich auf die Fürsorge für sittlich gefährdete oder bereits verwahrloste jugendliche Leute. Die Arbeitsnachweisanstalt hat in diesen Fällen geeignete Dienst- oder Lehrstellen zu vermitteln, wo dem Schützling Familienanschluß und gewissenhafte Erziehung zuteil wird. Die weitere moralische und materielle Fürsorge übernehmen in der Regel dann die besagten Jugendschutzvereine. Auch die so bedeutsame Fürsorge- oder Zwangserziehung wird nicht selten auf dem Gebiete der Lehrstellen- oder Arbeitsvermittlung die Dienste der Arbeitsnachweisanstalt in Anspruch nehmen. Auf diese Weise werden ganz bemerkenswerte Erfolge erzielt und mancher Knabe davor bewahrt, später als Taglöhner ein kümmerliches Dasein zu fristen oder der Verwahrlosung und dem Verderben anheimzufallen.

2. Reservistenvermittlung.

Die Reservistenvermittlung wird so bewerkstelligt, daß an die Militärbehörden, sei es an das Kommando des Armeekorps des Bezirks oder an das Regimentskommando, ein Ersuchen gerichtet wird, die abgehenden Mannschaften an die unentgeltlichen öffentlichen Arbeitsnachweise zu verweisen, gegebenenfalls Bewerbungsformulare an sie zu verteilen.

Die mit Karteneinrichtung versehenen Anstalten können das allgemeine Form. 5, Gesuch um Zuweisung von Arbeit, als Bewerbungsformulare verteilen lassen und die zurückgesandten Karten dann ohne weitere Umschreibung als endgültiges Material benutzen.

3. Vermittlung von entlassenen Strafgefangenen.

Auch auf diesem Gebiete eröffnet sich für den Arbeitsnachweisbeamten ein dankbares Feld. Er ist die Persönlichkeit, die durch Vermittlung einer Arbeitsstelle viel dazu beitragen kann, einem entlassenen Strafgefangenen die Möglichkeit zu verschaffen, sich wieder als ein rechtschaffenes Glied der menschlichen Gesellschaft zu betätigen, ihn davor zu bewahren, sich als Ausgestoßenen zu fühlen und durch dieses Gefühl wieder der Bahn des Verbrechens zugeführt zu werden. Allerdings müssen die Vermittlungen Sache ganz persönlicher Fürsorge der Beamten sein; er muß mit den Arbeitgebern persönliche Rücksprache nehmen, dessen Abneigung gegen derartige Leute zu überwinden suchen.

Am besten wickelt sich diese Vermittlungstätigkeit ab in enger Fühlung mit den auf diesem Gebiete segensreich wirkenden Schutzvereinen für entlassene Gefangene. Ist die Arbeit auch nicht immer leicht, so lohnt doch das Bewußtsein, dazu beigetragen zu haben, einem Unglücklichen die hilfreiche Hand geboten zu haben.

4. Vermittlung von minder qualifizierten Arbeitskräften.

Seit einigen Jahren wendet sich das Interesse des öffentlichen Arbeitsnachweises auch der Vermittlung minder qualifizierter Arbeiter zu. Das sind solche Arbeiter, die infolge einer Krankheit oder eines Gebrechens nicht als vollwertige Arbeitskräfte in Betracht kommen, sondern nur bei bestimmten, meist leichten Arbeiten beschäftigt werden können. Zumeist handelt es sich um Leute, die aus einer Lungenheilanstalt als geheilt entlassen, jedoch immer noch der Schonung bedürftig sind und für die bei Wiederaufnahme ihres früheren Berufes die Gefahr eines Rückfalles bestünde. Damit wäre der ganze Heilerfolg in Frage gestellt. Derartige Leute in passende Arbeitsstellen unterzubringen, ist sehr schwer. Und doch darf der Vermittlungsbeamte kein Mittel unversucht lassen, das geeignet ist, diese Bestrebungen zu unterstützen. Er hat, soweit es möglich ist, alle Arbeitsgelegenheiten, die etwa für derartige Leute passen könnten, ausfindig zu machen und in persönlicher Fühlungnahme mit den Arbeitgebern deren Bedenken gegen die Aufnahme minder qualifizierter Arbeiter zu zerstreuen suchen. Er hat ferner auf die Leute, die unterzubringen sind, einzuwirken, daß sie ihre Lohnansprüche den Verhältnissen entsprechend stellen, da häufig an der Lohnfrage die Vermittlung scheitert. Auf diese Weise gelingt es manchmal, minder qualifizierten Arbeitskräften Stellen zu verschaffen.

Verschiedenes.

1. Verbindung mit Naturalverpflegstationen.

Eine mehr oder weniger enge Verbindung mit den Naturalverpflegstationen wird für die Arbeitsnachweisanstalten von Nutzen sein können. Die Verbindungen sind heute schon verschiedener Art. So hat das Arbeitsamt in Konstanz die Naturalverpflegungstationen des Kreises dem Amte als Filialen angegliedert, die selbständig, jedoch immer in Fühlung mit dem Arbeitsamt in Konstanz die Arbeitsvermittlung betreiben. Von Zeit zu Zeit wird der Geschäftsbetrieb der Filialen durch den Verwalter des Arbeitsamtes einer persönlichen Revision unterzogen. Auf diese

Art hat das Arbeitsamt in Konstanz schöne Erfolge erzielt. Auch in der Schweiz stehen die Arbeitsämter in einem engeren Verkehr mit den Stationen. Die Voraussetzung für ein solches Zusammenwirken von öffentlichem Arbeitsnachweis und Naturalverpflegstationen ist allerdings die, daß in dem betreffenden Bezirke oder Land die Naturalverpflegstationen überhaupt gut organisiert sind. Die schönsten Erfolge hat das System dort aufzuweisen, wo die öffentlichen Arbeitsnachweisanstalten weit auseinander liegen, in welchen Fällen die Naturalverpflegstationen als Zwischenstellen der Arbeitsvermittlung dienstbar gemacht werden können.

Im allgemeinen stehen die öffentlichen Arbeitsnachweise mit den Naturalverpflegstationen in der Art in Verbindung, daß die letzteren an die Wanderer erst dann die Verpflegung verabreichen, wenn sie von der Arbeitsnachweisanstalt die Bescheinigung beibringen, daß sie sich um Arbeit bemüht haben (Form. 27).

2. Das Verhalten des öffentlichen Arbeitsnachweises bei Lohnkämpfen.

In der Frage, wie sich der öffentliche Arbeitsnachweis bei Lohnkämpfen den Parteien gegenüber zu verhalten habe, sind die Meinungen heute noch geteilt. Die einen Anstalten nehmen von einem Streik oder einer Aussperrung keine Notiz, andere stellen die Arbeitsvermittlung in den betreffenden Berufen während der Dauer des Lohnkampfes ein. Wieder andere setzen wohl die Vermittlungsthätigkeit fort, machen jedoch die Arbeitsuchenden auf das Bestehen eines Streiks oder einer Aussperrung aufmerksam, indem sie dies den Arbeitsuchenden direkt mitteilen und außerdem durch Anschlag in den Warteräumen zur Kenntnis bringen. Die letztere Form wird immer mehr als die richtige anerkannt. Durch die einfache Mitteilung, daß in einem Berufe Streik ausgebrochen ist, bleibt es dem Arbeitsuchenden anheimgestellt, ob er in diesem Fall Arbeit annehmen will oder nicht. Der Beamte hält sich neutral; er hat sich besonders davor zu hüten, die Mitteilung von dem Bestehen eines Streiks oder einer Aussperrung in eine Form zu kleiden, die als Begünstigung der einen oder andern Partei ausgelegt werden könnte. Am einfachsten wird der Beamte darüber wegkommen, wenn er durch Anschlag in den Warteräumen etwaige Lohnkämpfe bekannt macht und die Arbeitsuchenden darauf verweist. Erklärt sich trotzdem ein Arbeiter bereit, die Arbeit anzunehmen, so ist ihm die Arbeitsanweisung auszuhändigen.

Eine andere mit dem Vorstehenden zusammenhängende Frage ist die: wann beginnt für den Beamten die Pflicht, von dem Bestehen von Lohnbewegungen Notiz zu nehmen? Diese Frage ist nicht leicht zu beantworten. Die Praxis stellt sich auf den Standpunkt, daß eine öffentliche Arbeitsnachweisanstalt nur dann von einer Lohnbewegung Notiz nehmen kann, wenn von irgendeiner beteiligten, zuverlässigen Seite — Gewerkschaft; Arbeitgeber- oder Handwerkerorganisationen — Mitteilung gemacht wird. Auf unkontrollierbare Zeitungsberichte oder sonstige Anzeichen hin, die leicht trügen können, sich selbst das Zuweisungsgeschäft oder die Besetzung von Stellen zu erschweren, dürfte eine gefährliche Sache sein; denn wer will in solchen Fällen bestimmen, wann und wo es für den Beamten geboten ist, die Kundschaft auf etwa entstehende Arbeitskonflikte hinzuweisen? Es ist ausschließlich Sache der bei einer Lohnbewegung beteiligten Parteien, den Gang dieser Bewegung durch Regulierung des Zuzuges von Arbeitsuchenden zu beeinflussen, und sie haben deswegen ein erhebliches Interesse daran, die Arbeitsnachweisanstalten von dem Bestehen einer Lohnbewegung in Kenntnis zu setzen. Auf alle Fälle befleißige sich der Beamte der größten Zurückhaltung, auf daß auch nicht der Schein entsteht, als ob die öffentliche Anstalt ihre Tätigkeit zugunsten der einen oder andern Partei entfalte. Auf dem Vertrauen in die Unparteilichkeit der Beamten ruht in erster Linie der Grund für eine gedeihliche Entwicklung des öffentlichen paritätischen Arbeitsnachweises.

3. Reklame.

Daß die Reklame für die öffentlichen Arbeitsnachweise von größter Wichtigkeit ist, geht schon daraus hervor, daß der Verband deutscher Arbeitsnachweise auf die Tagesordnung der Verbandsversammlung in Wiesbaden 1905 ein Referat über diesen Gegenstand setzte.

Solange die öffentlichen paritätischen Arbeitsnachweise einer gesetzlichen Grundlage entbehren, solange sie im Wettbewerb mit der gewerbsmäßigen Stellenvermittlung stehen, solange sie eben mit Konkurrenz zu rechnen haben, müssen die öffentlichen Arbeitsnachweisanstalten der Reklame ihr volles Augenmerk zuwenden. Die Grundsätze, die für ihre Geschäftsführung maßgebend sind, sind nicht so allgemein bekannt und üben jene Anziehungskraft nicht aus, die ausreicht, um ohne Reklame die Bevölkerung an sich zu fesseln. Wendet die gewerbsmäßige Stellenvermittlung die Reklame in der raffiniertesten Weise an, um die Aufmerksamkeit der Bevölkerung auf sich zu ziehen, so bleibt den allgemeinen öffentlichen Arbeitsnachweisen nichts anderes übrig, als sich ebenfalls der mannigfaltigen Mittel der Reklame zu bedienen, wenn sie sich einen angemessenen Wirkungskreis sichern wollen.

Der Mittel gibt es viele; in ihrer zweckentsprechenden und wirkungsvollen Anwendung muß sich die Geschicklichkeit des Verwalters zeigen.

Zunächst kommt in Betracht das Plakat (Form. 28), das in allen möglichen Formen verwendet wird. Die Plakate werden am besten regelmäßig an den Plakatsäulen angeschlagen; sie sollten ferner in den Vereinslokalitäten der Arbeitgeber- und Arbeitnehmervereine angebracht werden. Sehr wichtig ist, daß überall die Erlaubnis eingeholt wird, in denjenigen Wagenklassen, die hauptsächlich von Arbeitern benützt werden, kleine Blechplakate anzubringen mit einem Hinweis auf die öffentlichen Arbeitsnachweisanstalten.

Wirkungsvoller als das Plakat ist das Inserat (Form. 29, 30, 31), wenn es geschickt angewendet wird. In den Tagesblättern sind regelmäßig Stellenverzeichnisse zu veröffentlichen, die vor jedesmaligem Einrücken auf den neuesten Stand gebracht werden. Zu empfehlen ist eine Teilung dergestalt, daß abwechselnd ein Inserat für die männliche, weibliche und Lehrstellenvermittlung erscheint. Die Inserate dürfen nicht nur in Blättern mit lokaler Bedeutung gebracht werden, sondern auch in denjenigen, die im Umkreis einen großen Verbreitungsbezirk haben. Sind verschiedene parteipolitische Blätter am Ort, so wird man klug daran tun, in sämtlichen Blättern zu inserieren, oder falls dies zu kostspielig ist, als Insertionsorgan ein neutrales Blatt zu wählen. Es empfiehlt sich, mit den Zeitungen ein Abkommen zu treffen, wonach diese gegen eine geringe Pauschalsumme die Inserate aufnehmen. Auf diese Art werden sich die Insertionskosten verringern. Von Zeit zu Zeit ist die äußere Ausstattung des Inserates abzuändern, sei es durch Hervorhebung der äußeren Umrahmung, sei es, daß andere Schriftzeichen genommen, oder wirkungsvolle auffallende Zusätze gemacht werden, z. B.:

„Zur Beachtung!"

oder

„Gebührenfreie Vermittlung!"

oder

„Unentgeltlich werden Stellen vermittelt vom" usw.

Eine weitere wirksame Reklame besteht darin, daß in die Dienstbotenbücher und Arbeitsbücher Hinweise auf die Arbeitsnachweisanstalten (Form. 28) eingeklebt werden. Doch wird das letztere nicht überall von den Behörden erlaubt. Auch bei der Ausgabe von Quittungskarten bei der Krankenkasse können Reklamezettel beigelegt werden. Durch Flugblätter und Broschüren suchen manche Anstalten auf ihren Geschäftsbetrieb aufmerksam zu machen, ebenso durch Zirkulare, die an Vereine, Handwerkerkorporationen gesandt werden. Sehr zu empfehlen ist auch eine Postkarte: Anmeldekarte zur Anmeldung von Gesuchen der Arbeitgeber (Form. 32). Diese Karten werden alljährlich im Frühjahr in bestimmter Anzahl den einzelnen Handwerkerorganisationen des Bezirks zugestellt, mit dem Ersuchen, sie unter die einzelnen Mitglieder zu verteilen und den Gebrauch derselben bei Bedarf von Arbeitskräften zu empfehlen. Auch diese Karte kann leicht in die Kartenregistratur eingefügt werden.

Aber mit noch manch andern scheinbar nebensächlichen Mitteln läßt sich eine erfolgreiche Reklame erzielen. So wird Wert darauf gelegt werden müssen, durch zweckentsprechende Aufschriften an der Außenseite des Gebäudes, in dem sich die Anstalt befindet, die Aufmerksamkeit auf sich zu ziehen, und daß auch eine gefällige, gute innere Ausstattung eine größere Anziehungskraft auszuüben vermag, ist schon früher ausgeführt. Wer sich eingehender über die Reklame der öffentlichen Arbeitsnachweise unterrichten will, dem sei die Lektüre des ausgezeichneten Referates empfohlen, das Dr. Jastrow auf dem Verbandstage deutscher Arbeitsnachweise in Wiesbaden über die Reklame des öffentlichen Arbeitsnachweises gehalten hat (Schriften des Verbandes deutscher Arbeitsnachweise Nr. 6 S. 60).

Soll die Reklame wirksam sein, so kommt es sehr darauf an, wie ihre Mittel angewendet werden. Das Inserat, das jahraus, jahrein in gleicher Ausführung erscheint, das Plakat, das jahrelang an einer Wand vergilbt und verstaubt hängt, wird kaum mehr die Aufmerksamkeit der Leute auf sich lenken. Achtlos gleitet der Blick darüber hinweg. Die Wirkung der Reklame liegt in der ständigen Erneuerung und Abänderung ihrer Mittel. Sobald ein solches seine Anziehungskraft eingebüßt hat, müssen andere Formen angewendet werden. Durch die Abwechslung wird die Reklame den öffentlichen Arbeitsnachweisen den Nutzen bringen, den man von ihr erwartet.

4. Aufstellung der Statistik:

Für die Arbeitsnachweisstatistik kommen eigentlich nur drei Zahlen in Betracht, und zwar:

1. die Zahl der offenen Stellen,
2. die Zahl der Arbeitsuchenden,
3. die Zahl der besetzten Stellen.

Die Zahl der offenen Stellen ist nicht immer leicht festzustellen. Mancher Arbeitgeber gibt bei seinem Gesuch um Zuweisung von Arbeitern eine bestimmte Zahl nicht an; er bestellt „einige“ oder „mehrere“, oder es werden 10 bis 20, 40 bis 50 u. s. w. Arbeiter verlangt. Die Erfahrung zeigt, daß in solchen Fällen der Arbeitgeber meist deswegen unbestimmte Angaben macht, um viele Arbeiter zugewiesen zu erhalten, so daß er eine gewisse Auswahl treffen kann. Der tatsächliche Bedarf an Arbeitern ist jedoch nicht so hoch, als es nach seiner Bestellung den Anschein hat. Der Vermittlungsbeamte wird, um eine annähernd richtige Ziffer zu erhalten, so verfahren, daß er keine bestimmte Ziffer einsetzt, sondern zunächst Arbeiter zuweist. Sobald Nachricht kommt, daß die Stellen besetzt sind, wird er auf Grund der Zuweisung oder Einstellungen eine entsprechende Zahl als „offene Stellen“ einsetzen. Auch kann er, wie schon früher erwähnt, durch direkte Anfragen beim Arbeitgeber feststellen, wie viele der zugewiesenen Arbeiter eingestellt wurden. Auf diese Art wird man den tatsächlichen Verhältnissen am nächsten kommen. Würde man jede vom Arbeitgeber angegebene Zahl kritiklos einsetzen, so kämen Zahlen heraus, die den Bedarf an Arbeitskräften bedeutend höher darstellten, als er in Wirklichkeit ist.

Die Feststellung der genauen Zahl der „Arbeitsuchenden“ stößt heute noch auf manche Schwierigkeiten. Es steht außer allem Zweifel, daß zur Beurteilung der Lage des Arbeitsmarktes nicht nur die möglichst genaue Angabe der Zahl der offenen Stellen gehört, sondern ebenso auch die möglichst vollständige Zahl der Arbeitsuchenden. Je genauer diese beiden Ziffern sind, um so größer ist der Wert der Statistik der Arbeitsnachweise für die Beurteilung der Lage des Arbeitsmarktes. Nun ist aber die Zählung der Arbeitsuchenden bei vielen Arbeitsnachweisen noch sehr unvollständig. Zumeist werden bei den mit Listenführung ausgestatteten Arbeitsnachweisen nur diejenigen Arbeitsuchenden eingetragen, denen Arbeit nachgewiesen werden kann; die andern werden als „Passanten“ oder „Durchreisende“ behandelt und entweder gar nicht oder nur durch die sogenannte Strichelung vermerkt, d. h. es wird durch einen Strich in der betreffenden Berufsgruppe kenntlich gemacht, daß ein Arbeiter vorgesprochen hat. Kommt der gleiche Arbeiter mehreremal zur Anstalt, so wird immer wieder ein Strich in der Liste gemacht. Daß eine derart gewonnene Zahl keinen Anspruch auf Zuverlässigkeit und Richtigkeit machen kann, ist klar. Man hat deswegen verlangt, daß die sämtlichen Arbeitsuchenden mit ihrem Namen in die Listen eingetragen werden. Das bedeutet jedoch eine so große Mehrarbeit, daß sie unter den heutigen Verhältnissen nicht geleistet werden kann.

Will man die möglichst genaue Zahl der Arbeitsuchenden erhalten, so kann dies nur geschehen, wenn die Arbeitsuchenden selbst zur Mitarbeit herangezogen werden, in der Weise, daß jeder Arbeitsuchende eine Gesuchskarte auszufüllen hat. Um Doppelzählungen zu vermeiden, werden denjenigen Arbeitsuchenden, denen nicht sofort Arbeit nachgewiesen werden kann, Vormerkekarten gegeben, die bei jedesmaligem Vorsprechen vorzuzeigen sind. Auf diese Weise läßt sich die Zahl der Arbeitsuchenden so genau feststellen, als es überhaupt möglich ist. Die mit Kartenregistratur versehenen Anstalten haben den Vorteil, daß sie die von dem Arbeitsuchenden selbst ausgefüllten Karten ohne weitere Schreibarbeit als endgültiges Material benützen können. Am Ende des Monats werden dann die Karten der Arbeitsuchenden einfach ausgezählt.

Die dritte Zahl, „besetzte Stellen“, ist für die Beurteilung der Lage des Arbeitsmarktes weniger wichtig. Dagegen bietet sie einen Anhalt über die mehr oder minder erfolgreiche Vermittlungstätigkeit einer Anstalt. Auch die Feststellung dieser Zahl ist nicht einfach. Manche Anstalten lassen nur solche Einstellungen gelten, für die sie den Beweis in der zurückgebrachten, mit dem Vermerk der Einstellung versehenen Zuweisungskarte in der Hand haben. Diese Auffassung ist zu engherzig. Man wird auch die Einstellungen gelten lassen müssen, die der Anstalt auf anderen Wegen bekannt geworden sind, sei es, daß sie mündlich, schriftlich oder telephonisch mitgeteilt wurden. Eine weitere Feststellung wird durch fleißiges Anfragen bei den Arbeitgebern erreicht.

Im übrigen trifft das vollkommen zu, was der Jahresbericht der Zentralanstalt für Arbeitsnachweis in Mannheim 1902 ausspricht, nämlich daß als Maßstab für das Vertrauen, das eine Anstalt bei der Bevölkerung genießt, weniger die Zahl der Einstellungen, als vielmehr die Zahl der offenen Stellen gelten kann, vorausgesetzt, daß diese Zahl in der oben dargelegten zuverlässigen Weise gewonnen wird.

Auf diesen drei Zahlen liegt das Hauptgewicht der Arbeitsnachweisstatistik. Wer noch Wert legt auf die Feststellung der zurückgenommenen, durch Fristablauf erledigten Gesuche, die Darstellung der vom Vormonat übernommenen Gesuche usw., mag dies tun. Je klarer, einfacher und übersichtlicher die Arbeitsnachweisstatistik gestaltet wird, um so besser wird es sein. Und je sorgfältiger der Beamte seine Aufzeichnungen macht, um so größeren Gehalt werden seine statistischen Nachweise haben.

Wertvolle statistische Beiträge können auch aus den Personalaufzeichnungen der Arbeitsuchenden gewonnen werden, und zwar über Alter, Familienstand, Staatsangehörigkeit, Dauer der Arbeitslosigkeit. Allerdings erfordern diese Aufstellungen erheblichen Zeitaufwand, und es sind deswegen meist nur größere Anstalten, denen statistisch geschulte Kräfte zur Verfügung stehen, die sich dieser Arbeit unterziehen.

Der Wert der Arbeitsnachweisstatistik wäre zweifellos noch größer, als er heute schon ist, wenn deren Aufstellung und die Geschäftsführung der einzelnen Anstalten nach einheitlichen Grundsätzen erfolgen würde.

Die Organisation des allgemeinen öffentlichen Arbeitsnachweises.

In der vorliegenden Schrift sollten hauptsächlich Anhaltspunkte über die praktische Einrichtung von allgemeinen öffentlichen Arbeitsnachweisen ohne Rücksicht auf die Form ihrer Organisation gegeben werden. Immerhin dürfte eine kurze Darstellung derjenigen Formen am Platze sein, die als typisch für die Organisation des modernen öffentlichen Arbeitsnachweises anzusprechen sind, nämlich: der Vereins- oder Verbandsarbeitsnachweis und der kommunale paritätische Arbeitsnachweis.

Beide Organisationen haben miteinander gemein:

1. den Zweck, Arbeiter jeder Art zu vermitteln,
2. die paritätische Verwaltung durch Arbeitgeber und Arbeitnehmer,
3. die Unentgeltlichkeit der Arbeitsvermittlung.

Das letztere Prinzip ist allerdings nicht überall völlig durchgeführt.

Welche dieser beiden Formen die zweckmäßigste ist, darüber sind die Meinungen geteilt. Auch in dieser Frage spielen die örtlichen Verhältnisse eine große Rolle. Die erstere Form bildete in vielen Fällen die Vorstufe zur zweiten; der Vereins- oder Verbandsarbeitsnachweis ging in kommunale Verwaltung über, besonders dann, wenn die Aufgaben des Arbeitsnachweises so anwuchsen und so bedeutend wurden, daß ein auf Freiwilligkeit beruhendes Vereinsunternehmen sie aus eigener Kraft nicht mehr bewältigen konnte. Auch dringt immer mehr die Erkenntnis durch, daß der Arbeitsnachweis eine Aufgabe der Kommnualverwaltung ist. Dazu kommt der sichere finanzielle Rückhalt, den ein Vereinsarbeitsnachweis nie in demselben Maße bieten kann, als die Gemeinde, und der für den Ausbau und die Entwicklung der Anstalt von großer Bedeutung ist. Die meisten der in jüngster Zeit errichteten Arbeitsnachweisanstalten sind deswegen reine Schöpfungen der Kommunalverwaltungen. Dieser Organisationsform wird immer mehr der Vorzug vor dem Vereinsarbeitsnachweis gegeben.

Allein das, was Vereinsarbeitsnachweise auf dem Gebiete der Arbeitsvermittlung geleistet haben und noch leisten, ist doch so bedeutend, daß auch diese Organisation der größten Beachtung wert ist. Die hervorragendste und am weitesten entwickelte Gründung dieser Art ist der Zentralverein für Arbeitsnachweis in Berlin. Ihm schließt sich, den kleineren Verhältnissen der Stadt entsprechend, die Allgemeine Arbeitsnachweisanstalt in Köln an. Beide kommen als typische Beispiele für diese Form in Betracht.

1. Der Vereins- oder Verbandsarbeitsnachweis.

Dem Vereins- oder Verbandsarbeitsnachweis liegt der Gedanke zugrunde, daß es bei dieser Form am ehesten gelingt, die gegensätzlichen Parteien zu gemeinsamer Arbeit zu vereinigen, und daß es innerhalb des Rahmens dieser Organisation möglich ist, die tätige Anteilnahme der verschiedensten Richtungen und Interessen an der Aufsicht und Verwaltung des Unternehmens durchzuführen.

Wie das Beispiel des Berliner Zentral-Arbeitsnachweises zeigt, bietet aber weiterhin die elastische Form des Vereinsarbeitsnachweises die uneingeschränkte Möglichkeit, an den allgemeinen Arbeitsnachweis Facharbeitsnachweise mit besondern beruflichen, paritätischen Verwaltungs- und Aufsichtskommissionen anzugliedern. Zweifellos hat diese Organisation bei Verhältnissen wie in Berlin ihre großen Vorzüge. Bei der Errichtung eines Vereins- oder Verbandsarbeitsnachweises kommt es demnach darauf an, alle an der Arbeitsvermittlung interessierten Kreise, Vereine usw. zur Bildung eines diesen Zwecken dienenden Vereins oder Verbandes zu veranlassen, dem in erster Linie auch die Stadtverwaltung angehören soll. Sie hat das größte Interesse an einer geregelten Arbeitsvermittlung und wird gern bereit sein, das Unternehmen finanziell zu unterstützen. Es ist deswegen der Stadtverwaltung auch ein Einfluß auf die Gestaltung des Geschäftsganges zu gewähren, indem ihr eine entsprechende Vertretung in der Aufsichtskommission zugestanden wird. Der Vorstand eines solchen Vereins bzw. die Aufsichtskommission einer solchen Vermittlungsstelle wird sich zusammensetzen aus Vertretern der angeschlossenen Vereine und

Körperschaften, wobei darauf Bedacht zu nehmen ist, daß womöglich jede Richtung entsprechend zur Geltung kommt, oder aber, er setzt sich rein paritätisch zusammen aus je der gleichen Zahl Arbeitgeber und Arbeitnehmer mit einem unparteiischen Vorsitzenden. Auf diese Weise wird das Vertrauen weiter Bevölkerungsschichten für die Einrichtung gewonnen.

Das beste Bild dieser Organisationsform geben die nachstehenden Satzungen des Zentralvereins für Arbeitsnachweis in Berlin und der Allgemeinen Arbeitsnachweisanstalt in Köln.

Statut
des
Zentralvereins für Arbeitsnachweis
zu Berlin.

§ 1.

Der im Jahre 1883 begründete, bisher nach Maßgabe des Statuts vom 15. April 1883 geleitete und verwaltete „Zentralverein für Arbeitsnachweis" in Berlin, welcher

a) Arbeitgebern Arbeitsuchende und Arbeitsuchenden Arbeitgeber nachzuweisen,

b) Herbergen einzurichten und sonstige Einrichtungen zum Wohle der arbeitenden Klasse zu treffen

bezweckt und seinen Sitz in Berlin hat, nimmt zufolge Beschlusses der Generalversammlung vom 15. Mai 1895 nachstehendes Statut als neue Grundverfassung an.

§ 2.

Um die in § 1 bezeichneten Zwecke zu erreichen, unterhält der Verein zurzeit — — — Arbeitsnachweise.

Für den Geschäftsbetrieb der Arbeitsnachweise können Vorschriften vom Vorstande (§ 5) erlassen werden.

§ 3.

Die Mittel, welche dem Verein zur Durchführung seiner Aufgabe zur Verfügung stehen, sind:

a) das in den Arbeitsnachweisen befindliche Inventarium einschließlich des Wertes der in den gemieteten Stadtbahnbögen aufgeführten Baulichkeiten im Gesamtwerte von 5000 Mark,

b) das sich gegenwärtig auf — — — Mark belaufende Kapitalvermögen, für dessen Anlegung der § 39 der Vormundschaftsordnung vom 5. Juli 1875 (G.-S. S. 439) maßgebend ist,

c) die Beiträge der Mitglieder,
d) der Beitrag der Stadtgemeinde Berlin,
e) die für die Arbeitsvermittlung zu erhebenden Einschreibegebühren.

§ 4.

Mitglied des Vereins und somit stimmberechtigt für die Generalversammlung (vgl. §§ 9—11) wird jeder, der für die Vereinszwecke eine einmalige Zahlung von dreihundert Mark zur Vereinskasse leistet oder sich zur Zahlung eines fortlaufenden jährlichen Beitrages von mindestens vier Mark verpflichtet.

Die Mitgliedschaft erlischt durch schriftliche, dem Vorstande des Vereins einzureichende Kündigung, welche drei Monate vor dem Jahresschluß, also spätestens am 1. Oktober zum 1. Januar des nächsten Jahres erfolgen muß.

§ 5.

Der Verein wird durch einen mindestens aus 24 und höchstens aus 36 Personen bestehenden Vorstand geleitet. Der Vorstand vertritt den Verein auch in solchen Fällen, welche nach dem Gesetz eine Spezialvollmacht erfordern — geeignetenfalls mit Stellvertretungsbefugnis.

Die betreffenden Personen werden, mit Ausnahme von acht Personen, von der Generalversammung (§ 12) aus der Zahl der großjährigen Mitglieder (§ 4) erwählt. 8 Personen, und zwar je 4 Arbeitgeber und 4 Arbeitnehmer, werden von den dem Ausschusse des Gewerbegerichts zu Berlin für Gutachten und Anträge angehörigen Arbeitgebern bzw. Arbeitnehmern gewählt. Wählbar sind nur diejenigen Personen, welche nach Maßgabe der Bestimmungen des Reichsgesetzes betreffend die Gewerbegerichte vom 29. Juli 1890 zu Beisitzern des Gewerbegerichts in Berlin gewählt werden können. Für die 4 Arbeitgeber und 4 Arbeitnehmer werden je 4 Ersatzmänner gewählt, welche an die Stelle der während der Wahlperiode Ausscheidenden treten. Die Wahlperiode beträgt 3 Jahre. Die erstmals Gewählten fungieren bis zu Ende des Jahres 1901. Kommt eine Wahl nicht zustande, so erfolgt die Ernennung der Vertreter der Arbeitgeber und Arbeitnehmer nebst Ersatzmännern durch den Vorstand des Zentralvereins für Arbeitsnachweis.

Der Vorstand wählt aus seiner Mitte

1. einen Vorsitzenden,
2. einen Schatzmeister,
3. einen Schriftführer,

sowie für jeden derselben einen oder mehrere Stellvertreter.

Urkunden, welche den Verein vermögensrechtlich verpflichten sollen, sind unter dessen Firma vom Vorsitzenden und Schatzmeister oder deren Stellvertreter zu vollziehen. Zur Empfangnahme von Geldern für den Verein und Quittungsleistung ist der Vorsitzende und der Schatzmeister, jeder für sich allein, oder deren Stellvertreter befugt.

Der Nachweis, daß der Vorstand bzw. der Vorsitzende und Schatzmeister innerhalb ihrer statutenmäßigen Befugnisse handeln, ist Behörden und dritten Personen gegenüber nicht erforderlich. Durch diese Bestimmung wird das staatliche Aufsichtsrecht über den Verein nicht berührt.

Zur Legitimation der Vorstandsmitglieder nach außen dient eine Bescheinigung des Polizeipräsidenten von Berlin, welchem zu dem Behufe die jedesmaligen Wahlverhandlungen mitzuteilen sind.

Zur Beaufsichtigung und Mitwirkung bei der Verwaltung der vom Verein unterhaltenen Einrichtungen können Kuratorien bestellt werden. Das Nähere über die Bestellung und die Art der Zusammensetzung dieser Kuratorien, ihre Befugnisse und ihr Verhältnis zum Vorstande wird durch vom Vorstand zu erlassende Vorschriften festgesetzt.

§ 6.

Der Vorsitzende (oder dessen Stellvertreter) leitet die Verhandlungen des Vorstandes sowie die Generalversammlungen.

Er beruft den Vorstand, so oft dies die Lage der Geschäfte erfordert, insbesondere alsdann binnen 14 Tagen, wenn 12 Mitglieder des Vorstandes darauf schriftlich antragen.

Die Einladungen erfolgen schriftlich, unter Mitteilung der Tagesordnung.

Der Vorstand führt die Geschäfte des Vereins nach einer von ihm selbst festzustellenden Geschäftsordnung.

§ 7.

Zur Beschlußfähigkeit des Vorstandes ist, den Vorsitzenden oder dessen Stellvertreter und den Schriftführer oder dessen Stellvertreter mitinbegriffen, die Anwesenheit von 12 Mitgliedern erforderlich.

Die Beschlüsse werden nach der Stimmenmehrheit gefaßt. Nur bei Stimmengleichheit entscheidet die Stimme des Vorsitzenden.

Über die Verhandlungen ist vom Schriftführer ein Protokoll aufzunehmen, welches von diesem und dem Vorsitzenden zu vollziehen ist.

§ 8.

Der Schatzmeister führt und verwahrt die Vereinskasse. Seitens des Schatzmeisters ist in jeder Vorstandssitzung eine Übersicht des Vermögensstandes vorzulegen.

Das Geschäftsjahr ist das Kalenderjahr.

§ 9.

Zum Geschäftskreise der Generalversammlung gehört:

a) die Wahl des Vorstandes (vgl. §§ 12—14),

b) die Feststellung des nächstjährigen Etats,

c) die Abnahme der vom Schatzmeister aufzustellenden Rechnung für das abgelaufene Kalenderjahr und die Entlastung des Vorstandes,

d) die Entgegennahme des vom Vorstande alljährlich zu erstattenden und der nächsten staatlichen Aufsichtsbehörde in zwei Exemplaren einzureichenden Geschäftsberichtes,

e) jede Abänderung des Statuts,

f) die etwaige Auflösung des Vereins.

In der Generalversammlung ist jedes Mitglied stimmberechtigt, welches mindestens zwei Jahre ununterbrochen dem Verein als Mitglied angehört hat und sich auf Erfordern des Vorsitzenden durch die Mitgliedskarte ausweisen kann.

§ 10.

Der Vorstand stellt die Tagesordnung für die Generalversammlung fest und erläßt durch seinen Vorsitzenden die Einladungen zu derselben.

Die Berufung einer Generalversammlung erfolgt, so oft dies der Vorstand nach Lage der Geschäfte für erforderlich erachtet, außerdem, und zwar binnen einer Frist von längstens vier Wochen, wenn 50 Vereinsmitglieder schriftlich beim Vorstande einen dahin begründeten Antrag stellen.

Die Einladung wird unter Mitteilung der Tagesordnung durch einmalige, mindestens 14 Tage vor dem Termin zu bewirkende Bekanntmachung in der „Vossischen Zeitung" bewirkt, den Tag der Bekanntmachung und den Tag der Generalversammlung nicht mitgerechnet.

Sollte die genannte Zeitung aufhören zu erscheinen oder den Bekanntmachungen des Vereins unzugänglich werden, so tritt an deren Stelle ein vom Vorstand auszuwählendes Blatt.

§ 11.

Zur Beschlußfähigkeit der Generalversammlung ist die Anwesenheit von mindestens 12 Vereinsmitgliedern erforderlich.

Hat eine Generalversammlung wegen Beschlußunfähigkeit vertagt werden müssen, so ist die demnächst einzuberufende neue Generalversammlung, ohne Rücksicht auf die Zahl der anwesenden Mitglieder, beschlußfähig, sofern auf diese Folge in der Einladung ausdrücklich aufmerksam gemacht worden ist.

Abgesehen vom Falle der Stimmengleichheit, bei welcher die Stimme des Vorsitzenden entscheidet, werden die Beschlüsse nach der absoluten Stimmenmehrheit gefaßt.

Über die Form der Abstimmung (mündlich, verdeckt oder durch Zuruf usw.) entscheidet das Ermessen der Versammlung.

Über die Beschlüsse in jeder Generalversammlung ist ein Protokoll aufzunehmen und dasselbe von dem Vorsitzenden und mindestens zwei Vereinsmitgliedern durch Unterschrift zu vollziehen.

§ 12.

Gegenwärtig und bis zum Schlusse des laufenden Jahres (vgl. § 9 a) fungieren als Mitglieder des Vorstandes folgende Personen: (folgt Namensverzeichnis).

An deren Stelle ist in der gegen den Schluß des laufenden Jahres (vgl. § 9) anzuberaumenden Generalversammlung ein neuer Vorstand zu wählen, und zwar auf die Dauer von drei Kalenderjahren, nach deren Ablauf in gleicher Weise eine Neuwahl erfolgt. Abtretende Mitglieder sind wieder wählbar.

§ 13.

Für die Wahl der durch die Generalversammlung zu wählenden Mitglieder des Vorstandes (§ 5 Abs. 2) gelten, falls dieselbe nicht durch Zuruf erfolgt, folgende Vorschriften:

Die Wahl jedes einzelnen Vorstandsmitgliedes ist in einem besonderen Wahlgange zu bewirken. Ergibt sich bei einer Wahl nicht sofort die nach § 11 Abs. 3 erforderliche Mehrheit, so sind bei einem zweiten Wahlgange nur diejenigen beiden Mitglieder zur engeren Wahl zu bringen, für welche vorher die der absoluten Mehrheit am nächsten kommende Stimmenzahl abgegeben war. Sollten diese Mitglieder mehr als zwei gewesen sein, so müssen sie sämtlich zur engeren Wahl gestellt und muß mit letzterer so lange fortgefahren werden, bis sich die erforderliche Mehrheit ergibt.

§ 14.

Scheidet ein Mitglied innerhalb seiner dreijährigen Amtsdauer aus dem Vorstande, so ist für den Rest der Wahlzeit eine Ergänzungswahl nach Maßgabe der §§ 12 und 13 zu veranlassen.

Tritt die Notwendigkeit einer solchen Ergänzungswahl zu einem Zeitpunkte ein, in welchem die Lage der anderweiten Geschäfte nach dem Ermessen des Vorstandes die Einberufung einer besonderen Generalversammlung nicht dringend notwendig macht, so ist der Vorstand befugt, die Vornahme einer förmlichen Wahl bis dahin, daß aus sonstigen Gründen die Einberufung einer Generalversammlung erfolgt, zu verschieben und sich einstweilen im Wege der einfachen Zuwahl zu ergänzen.

§ 15.

Abänderungen des Statuts, welche den Sitz, den Zweck oder die äußere Vertretung des Vereins betreffen, sowie Beschlüsse, welche die Auflösung des Vereins zum Gegenstande haben, bedürfen landesherrlicher Genehmigung.

Sonstige Statutenänderungen sind von der Zustimmung des Oberpräsidenten der Provinz Brandenburg abhängig.

Berlin, den 27. September 1895.

Der Vorstand
des Zentralvereins für Arbeitsnachweis zu Berlin.

Normalstatut
betreffend
die Bildung von Kuratorien für Facharbeitsnachweise.

§ 1.

Zur Verwaltung und Beaufsichtigung des Facharbeitsnachweises für das . . . . Gewerbe wird ein Kuratorium gebildet. Dasselbe besteht aus je 4 Vertretern der Arbeitgeber und Arbeitnehmer, sowie je 4 Ersatzmännern und 2 Mitgliedern des Vorstandes des Zentral-Vereins für Arbeitsnachweis, welche als Vorsitzender bzw. stellvertretender Vorsitzender fungieren.

§ 2.

Die Vertreter der Arbeitgeber und deren Ersatzmänner werden vom Vorstande der Innung (bzw. . . . . Vereine oder ähnlichen Arbeitgeber-Vereinigungen) gewählt[1]). — Die Vertreter der Arbeitnehmer und deren Ersatzmänner werden von den dem Ausschusse des Gewerbegerichts angehörigen Arbeitnehmern gewählt[2]).

Wählbar zum Vertreter der Arbeitgeber sind nur Personen, welche das . . . . . . Gewerbe innerhalb des Stadtbezirks Berlin selbständig betreiben; wählbar zum Vertreter der Arbeitnehmer sind nur solche dem . . . . Gewerbe angehörige Personen, welche im Stadtbezirk Berlin oder im Umkreise von ca. 15 Kilometer beschäftigt sind.

Kommt eine Wahl der Vertreter der Arbeitnehmer oder Arbeitgeber nicht zustande, so können diese Vertreter durch den Vorstand des Zentral-Vereins für Arbeitsnachweis ernannt werden.

---

[1]) Anm.: Die Wahl kann auch durch die dem Ausschuß des Gewerbegerichts für Gutachten u. s. w. angehörigen Arbeitgeber erfolgen.

[2]) Anm.: Die Wahl der Arbeitnehmer kann auch durch den Gesellenausschuß der Innungen bezw. den Vorstand sonstiger Arbeitnehmer-Vereinigungen erfolgen.

Der Vorsitzende des Kuratoriums sowie sein Stellvertreter werden von den dem Kuratorium angehörigen Vertretern der Arbeitgeber und Arbeitnehmer aus der Zahl der dem Vorstande des Zentral-Vereins für Arbeitsnachweis angehörigen Mitgliedern gewählt; es darf der Vorsitzende weder Arbeitgeber noch Arbeitnehmer sein.

Bei zeitweiliger gleichzeitiger Behinderung des Vorsitzenden und seines Stellvertreters wird ein Vertreter durch den Vorsitzenden des Zentral-Vereins für Arbeitsnachweis aus der Zahl der Vorstandsmitglieder des Zentral-Vereins mit der Wahrnehmung der Geschäfte des Vorsitzenden betraut.

Die Wahlperiode für sämtliche Mitglieder des Kuratoriums einschließlich der Vorsitzenden beträgt zwei Jahre.

Die Ersatzmänner treten an die Stelle der während der Dauer der Wahlperiode ausscheidenden, sowie der zeitweise behinderten Vertreter.

Die Vertreter der Arbeitnehmer erhalten als Entschädigung für ihre und ihrer Ersatzmänner bare Auslagen und entgangenen Arbeitsverdienst eine Pauschalsumme von jährlich . . . . . . Mark, zahlbar in vierteljährlichen Raten postnumerando.

§ 3.

Das Kuratorium ist beschlußfähig bei Anwesenheit von mindestens je zwei Vertretern der Arbeitgeber und Arbeitnehmer, sowie des Vorsitzenden oder seines Stellvertreters.

Beschlüsse werden mit einfacher Stimmenmehrheit gefaßt. — Stimmengleichheit wird der Ablehnung gleich erachtet. — Der Vorsitzende hat nur beratende Stimme.

Bei Abstimmung muß stets die gleiche Anzahl Arbeitgeber und Arbeitnehmer stimmen. — Sind hierbei von einer Kategorie mehr Mitglieder vorhanden als von der anderen, so haben sich die jüngsten Mitglieder der ersteren Kategorie der Abstimmung zu enthalten.

Die Ersatzmänner sind zu allen Sitzungen des Kuratoriums einzuladen und können den Sitzungen mit beratender Stimme beiwohnen; eine Entschädigung (§ 2 letzter Absatz) wird hierfür nicht geleistet.

Der Vorsitzende des Vorstandes des Zentral-Vereins für Arbeitsnachweis ist befugt, den Sitzungen mit beratender Stimme beizuwohnen.

Die Sitzungen des Kuratoriums werden nach Bedarf einberufen. Auf den Antrag von drei Mitgliedern des Vorstandes muß innerhalb 8 Tagen von dem Vorsitzenden eine Sitzung einberufen werden.

§ 4.

1. Dem Kuratorium steht die Aufsicht über den gesamten Betrieb des Arbeitsnachweises zu; dasselbe hat zu diesem Zwecke regelmäßige Revisionen des Betriebes durch die Mitglieder und Ersatzmänner des Kuratoriums einzurichten.

2. Das Kuratorium entscheidet über Beschwerden der den Arbeitsnachweis benutzenden Arbeitgeber und Arbeitnehmer.

3. Das Kuratorium berät über alle den Arbeitsnachweis berührenden Angelegenheiten; insbesondere setzt das Kuratorium die Norm für die Einrichtungen und die Art des Geschäftsbetriebes des Arbeitsnachweises fest.

4. Das Kuratorium wählt die Beamten des Arbeitsnachweises und setzt ihre Anstellungsbedingungen fest.

5. Das Kuratorium ist verpflichtet, dem Zentral-Verein für Arbeitsnachweis für Zwecke der Statistik die notwendigen Angaben insbesondere über die erfolgten Arbeitsangebote, Arbeitsnachfragen und Arbeitsvermittlungen zu machen. Die allgemeinen Grundsätze für die statistischen Aufnahmen werden vom Vorstande des Zentral-Vereins für Arbeitsnachweis festgesetzt.

§ 5.

Die Kosten des Arbeitsnachweisbetriebes werden in der Regel von den Arbeitgebern des betreffenden Gewerbes getragen, doch können auf Wunsch die betreffenden Arbeitnehmerorganisationen zu den Kosten beitragen. Erforderlichenfalls soll der Zentral-Verein für Arbeitsnachweis einen Zuschuß leisten. — Von den Arbeitsuchenden wird eine einmalige Einschreibegebühr von 20 Pfennigen erhoben; diese Gebühr fließt in einen besonderen Fonds zur Unterstützung bedürftiger Arbeitsloser des . . . . . Gewerbes. Über die Bewilligung der Unterstützungen entscheidet das Kuratorium.

§ 6.

Abänderungen des Statuts beschließt das Kuratorium mit Dreiviertel-Majorität der anwesenden Mitglieder; die Abänderungen bedürfen der Zustimmung des Vorstandes des Zentral-Vereins für Arbeitsnachweis.

Vorstehendes Statut ist vom Kuratorium in seiner Sitzung am . . . . beschlossen worden.

Die Zustimmung zu dem Statut hat der Vorstand des Zentral-Vereins für Arbeitsnachweis in seiner Sitzung am . . . . erteilt.

Für den Vorstand des Zentral-Vereins für Arbeitsnachweis.

Der Vorsitzende.

Für das Kuratorium.

Der Vorsitzende.

Satzung und Geschäftsordnung
der
Allgemeinen Arbeitsnachweis-Anstalt
zu Köln am Rhein.

A. Satzung.

§ 1.

Die nachfolgenden Vereine und Korporationen in hiesiger Stadt:

1. der Gewerbeverein für Köln und Umgegend,
2. der Verein selbständiger Handwerker,
3. der Innungsausschuß,
4. der katholische Gesellenverein,
5. der evangelische Arbeiterverein,
6. die katholischen Arbeitervereine,
7. das Gewerkschaftskartell,
8. die Wirte-Innung Köln,
9. der Ortsverband der deutschen Gewerkvereine,
10. das christliche Gewerkschaftskartell,

bilden einen Verband, welcher sich die Aufgabe setzt, durch einheitliches Zusammenarbeiten zwischen Arbeitgebern einerseits und Arbeitnehmern anderseits Arbeit zu vermitteln.

§ 2.

Zu diesem Behufe errichtet der Verband eine Arbeitsnachweis-Anstalt für Arbeitsuchende beiderlei Geschlechts aus allen Ständen und Berufsarten.

§ 3.

Die Vermittelung der Arbeit erfolgt unentgeltlich und zwar in erster Linie für diejenigen Personen, welche in Köln ortsangehörig oder beschäftigungslos geworden sind und in Köln Arbeit suchen.

Für Vermittelung nach auswärts können die notwendigen baren Auslagen in Anrechnung gebracht werden.

§ 4.

Eine Verpflichtung zum Nachweis von Arbeit hat die Arbeitsnachweis-Anstalt nur insoweit als Arbeit angemeldet ist.

§ 5.

Für den Betrieb der Anstalt wird eine besondere Geschäftsordnung aufgestellt; welche einen Bestandteil dieser Satzung bildet.

§ 6.

Die Wahrnehmung der Verbandsinteressen liegt der Verbandsversammlung ob.

§ 7.

Die Verbandsversammlung besteht zu gleichen Teilen aus Vertretern der Arbeitgeber und Arbeitnehmer und zwar zurzeit aus 13 Arbeitgebern und 13 Arbeitnehmern, nämlich:

a) 4 Vertretern (Arbeitgeber) des Gewerbevereins,
b) 4 Vertretern (Arbeitgeber) des Vereins selbständiger Handwerker,
c) 3 Vertretern (Arbeitgeber) des Innungsausschusses,
d) 2 Vertretern (Arbeitgeber) der Wirte-Innung Köln,
e) 1 Vertreter (Arbeitnehmer) des katholischen Gesellenvereins,
f) 1 Vertreter (Arbeitnehmer) des evangelischen Arbeitervereins,
g) 3 Vertretern (Arbeitnehmer) der katholischen Arbeitervereine,
h) 4 Vertretern (Arbeitnehmer) des Gewerkschaftskartells,
i) 2 Vertretern (Arbeitnehmer) der Wirte-Innung Köln,
k) 1 Vertreter (Arbeitnehmer) des Ortsverbandes der deutschen Gewerkvereine,
l) 1 Vertreter (Arbeitnehmer) des christlichen Gewerkschaftskartells.

Dieselben sind stimmberechtigt und werden von den einzelnen Verbandsvereinen auf die Dauer von zwei Jahren gewählt.

Für die gleiche Zahl von Stellvertretern ist Sorge zu tragen.

§ 8.

Bei allen Beschlüssen der Verbandsversammlung entscheidet einfache Stimmenmehrheit der anwesenden Vereinsvertreter. Bei Stimmengleichheit ist die Stimme des Vorsitzenden entscheidend. Zur Beschlußfähigkeit ist die Anwesenheit wenigstens eines Vertreters von mehr als der Hälfte sämtlicher Verbandsvereine erforderlich. Bei Änderung der Satzung müssen zwei Drittel sämtlicher stimmberechtigten Mitglieder der Verbandsversammlung anwesend sein.

Wird wegen Nichterscheinens der genügenden Zahl von Stimmberechtigten eine zweite Versammlung notwendig, so beschließt solche mit einfacher Mehrheit der Erschienenen.

Auf Antrag erhalten die Vertreter für jede innerhalb der Arbeitszeit abgehaltene Verbandsversammlung eine Entschädigung von 4 Mark, wenn die Versammlung mehr wie 1/2 Tag und 2 Mark, wenn dieselbe weniger wie 1/2 Tag in Anspruch nimmt.

§ 9.

Die Verbandsversammlung wählt auf zwei Jahre einen Vorsitzenden, einen Stellvertreter, einen Rechnungsführer und einen Schriftführer. Zum Vorsitzenden und zum Stellvertreter sind Personen zu wählen, die nicht als Vertreter der Verbandsvereine bestellt sind. Beide treten der Verbandsversammlung als stimmberechtigte Mitglieder bei. Die Wahl des Vorsitzenden und des Stellvertreters unterliegt der Genehmigung durch den Oberbürgermeister.

Bis zur Wahl von Nachfolgern bleiben der Vorsitzende und die Vertreter in Wirksamkeit. Die Einberufung und Leitung der ersten Verbandsversammlung erfolgt durch einen Vertreter der Gemeindebehörde.

§ 10.

Der Vorsitzende besorgt alle Geschäfte, soweit sie nicht der Verbandsversammlung zugewiesen sind, namentlich ist er zur unmittelbaren Leitung der Allgemeinen Arbeitsnachweis-Anstalt, sowie zur Erteilung aller diesbezüglich an die Anstaltsbediensteten zu erlassenden Anordnungen allein berechtigt und verpflichtet. Auch überwacht er den Vollzug der Beschlüsse der Verbandsversammlung, bestimmt Zeit und Ort für die Sitzungen der letzteren und setzt die Tagesordnung fest gemäß der von der Verbandsversammlung nach Bedürfnis zu erlassenden Geschäftsordnung usw.

Auf den schriftlichen Wunsch von einem Drittel der Vertreter der Verbandsvereine muß der Vorsitzende binnen 8 Tagen eine Verbandsversammlung zusammenberufen.

§ 11.

Der Beschlußfassung der Verbandsversammlung unterliegen:

a) Die Ernennung des Verwalters und der sonst mit dem Betrieb der Allgemeinen Arbeitsnachweis-Anstalt zu betrauenden Personen, ebenso deren Entlassung. Für den Vorsitzenden bleibt das Recht des sofortigen Einschreitens, falls die rechtzeitige Wahrung des Verbandsinteresses dies erforderlich macht, vorbehalten und hat er in solchem Falle ungesäumt die Entscheidung der Verbandsversammlung herbeizuführen. Die Ernennung des Verwalters bedarf der Bestätigung durch den Oberbürgermeister.
b) Die Verwendung der dem Verbande zufließenden Geldmittel.
c) Die Prüfung und Genehmigung der Jahresrechnung über den Betrieb der Allgemeinen Arbeitsnachweis-Anstalt.
d) Die Entlastung des Rechnungsführers nach Legung der Jahresrechnung.

e) Die Feststellung einer Geschäftsordnung für den Betrieb der Allgemeinen Arbeitsnachweis-Anstalt.

f) Die Entscheidung über Wünsche und Beschwerden hinsichtlich des Betriebes der Allgemeinen Arbeitsnachweis-Anstalt, falls der Vorsitzende solche als nicht begründet zurückgewiesen hat und die Beteiligten sich hierbei nicht beruhigen wollen.

g) Die Änderungen dieser Satzung und der Geschäftsordnungen für die Sitzungen der Verbandsversammlung und für den Betrieb der Allgemeinen Arbeitsnachweis-Anstalt.

h) Die Festsetzung des Tages, mit welchem der Austritt eines Verbandsvereins in Wirksamkeit tritt. Die längste Frist hierfür beträgt ein Jahr vom Tage der Austrittsanzeige an gerechnet.

i) Die Aufnahme neuer Vereine und Korporationen als Verbandsmitglieder.

Über die Beschlüsse der Verbandsversammlung ist ein Protokoll aufzunehmen und durch den Vorsitzenden und zwei Verbandsvertreter zu unterzeichnen.

§ 12.

Die Verbandsvereine sind berechtigt, durch ihre zur Verbandsversammlung entsendeten Vertreter zu jeder Zeit von der Art des Betriebes der Allgemeinen Arbeitsnachweis-Anstalt persönliche Einsicht nehmen und den Inhalt der Bücher einer Durchsicht unterziehen zu lassen. Zu diesem Zwecke werden ihnen besondere Ausweiskarten eingehändigt.

§ 13.

Die Verbandsvereine verpflichten sich ihren Mitgliedern die Benutzung und tatkräftige Unterstützung der Allgemeinen Arbeitsnachweis-Anstalt dringend zu empfehlen.

§ 14.

Der Eintritt anderer Vereine und Korporationen in den Verband geschieht durch schriftliche Anzeige bei dem Vorsitzenden, welcher binnen 8 Tagen die Entscheidung der Verbandsversammlung herbeizuführen hat.

Auch auswärtige Vereine können in den Verband aufgenommen werden.

Die Austrittsanzeige muß ebenfalls schriftlich bei dem Vorsitzenden erfolgen, der hierüber eine Empfangsbescheinigung auszustellen hat.

Das Zahlenverhältnis zwischen Arbeitgebern und Arbeitnehmern muß aber immer das in § 7 vorgesehene sein. Die zu dem Zweck nötige neue Verteilung der Zahlen der Vertreter auf die einzelnen Vereine und Korporationen beschließt die Verbandsversammlung. Der Beschluß bedarf der Genehmigung der Stadtverordneten-Versammlung.

B. Geschäftsordnung.

§ 1.

Der Betrieb der Arbeitsnachweis-Anstalt ist so zu gestalten, daß männliche und weibliche Arbeiter voneinander getrennt sind.

§ 2.

Sämtliche Geschäfte besorgt der Verwalter, welchem noch weitere Arbeitskräfte unterstellt werden können.

§ 3.

Die Geschäftsstunden sind an Wochentagen von 10—1 Uhr vormittags und 5—8 Uhr nachmittags. Während derselben muß ein Bediensteter im Geschäftszimmer stets anwesend sein, bezw. für sachgemäße Stellvertretung Sorge tragen.

§ 4.

Die von Arbeitgebern und Arbeitnehmern eingegangenen Gesuche sind nach Berufsarten zu trennen und in fortlaufender Reihenfolge in gesonderte Bücher einzutragen, wobei besondere Rücksicht auf die Statistik über Arbeitsangebot und Arbeitsnachfrage zu nehmen ist.

§ 5.

Auf Verlangen der städtischen Verwaltung sind für Zwecke der Statistik über die Bewegungen des Arbeitsangebots und der Arbeitsnachfrage in den verschiedenen Gewerben und Jahreszeiten die gewünschten fortlaufenden Mitteilungen zu machen und muß über alle auf die Arbeitsverhältnisse bezüglichen Angelegenheiten jederzeit Auskunft erteilt werden.

§ 6.

Alle Arbeitsangebote und Arbeitsgesuche gelten als 14 Tage fortdauernd, wenn sie innerhalb dieser Zeit nicht zurückgezogen bezw. erneuert werden. Die die Vermittlung der Arbeitsnachweis-Anstalt in Anspruch nehmenden Arbeitgeber sind verpflichtet, derselben sofort anzuzeigen, sobald die von ihnen ausgeschriebene Stelle besetzt ist.

Die Arbeitnehmer haben gleichfalls die Verpflichtung zur Anzeige, sobald sie die ihnen zugewiesene Stelle angenommen haben.

§ 7.

Auswärtige Arbeitgeber sind verpflichtet, die ihnen innerhalb 14 Tagen zugewiesenen, mit ordnungsmäßiger Anweisung versehenen Arbeiter für Hin- und Rückreise zu entschädigen, wenn letztere die ihnen angewiesene Stelle nicht mehr erhalten können.

§ 8.

Arbeitsgesuche gelten als erledigt:

a) wenn die in § 6 vorgesehene Anzeige erstattet ist,

b) 14 Tage nach der Anmeldung, falls eine solche Anzeige nicht erfolgt ist.

§ 9.

Die Anstalt hat durch Umfrage einen lebhaften Verkehr mit den Arbeitgebern und den Vereinigungen der Arbeitnehmer zu unterhalten, um, soweit möglich, auf diesem Wege auch festzustellen, ob die Arbeitsuchenden versorgt sind, ferner ob und welche noch nicht angemeldeten Arbeitsstellen offen stehen.

§ 10.

Die Arbeitsuchenden, die auf eine durch Arbeitseinstellung oder Aussperrung freigewordene Stelle geschickt werden, sind von diesem Umstande in Kenntnis zu setzen.

Es ist unzulässig, daß die Verwaltung der Anstalt für im Ausstande befindliche Arbeiter hier oder auswärts Ersatz sucht.

§ 11.

Den mit der Vertretung der Verbandsvereine beauftragten Persönlichkeiten ist auf Vorzeigen ihrer Ausweiskarte die umfassendste Einsichtnahme von allen Einrichtungen der Allgemeinen Arbeitsnachweis-Anstalt zu ermöglichen.

§ 12.

Wünsche und Beschwerden können in das zu diesem Zwecke jederzeit im Geschäftszimmer aufliegende Beschwerdebuch eingetragen werden. Innerhalb 24 Stunden nach erfolgtem Eintrage ist ein Auszug hieraus dem Vorsitzenden der Verbandsversammlung mitzuteilen und, wie geschehen, im Beschwerdebuch zu vermerken.

§ 13.

Am Schlusse des Geschäftsjahres ist die Anstaltsrechnung abzuschließen und längstens binnen 4 Wochen unter Anschluß eines statistischen Nachweises über die Gesamtergebnisse des Anstaltsbetriebes den einzelnen Vertretern der Verbandsvereine in Überdruck vorzulegen.

Als Geschäftsjahr gilt die Zeit vom 1. Juli bis 30. Juni.

§ 14.

Die Anstaltsbediensteten haben die Bestimmungen dieser Geschäftsordnung, welche zu jedermanns Einsicht im Geschäftszimmer stets aufliegen muß, strengstens zu beobachten und den Anordnungen des Vorsitzenden der Verbandsversammlung bezw. seines Stellvertreters pünktlich Folge zu geben.

2. Kommunaler, paritätischer Arbeitsnachweis.

Bei der zweiten Form, dem kommunalen paritätischen Arbeitsnachweis, richtet sich die Organisation im allgemeinen nach einheitlichen Grundsätzen. Auch hier ist der Grundgedanke der, durch gleichmäßige Heranziehung von Arbeitgebern und Arbeitnehmern zur Verwaltung und Beaufsichtigung der Anstalt das Vertrauen beider Teile für die Anstalt zu gewinnen und ihnen somit einen Einfluß auf die Geschäftsführung einzuräumen. Zur Leitung und Beaufsichtigung wird deswegen eine Kommission eingesetzt werden, bestehend aus einem unparteiischen, der Stadtverwaltung angehörigen Vorsitzenden, der demnach weder Arbeitgeber noch Arbeitnehmer sein darf, und einer Anzahl Mitglieder. Diese werden am besten in gleicher Zahl aus den Reihen der ortsansässigen Arbeitgeber und Arbeitnehmer genommen, wobei Wert darauf zu legen ist, daß einige dieser Mitglieder den städtischen Körperschaften (Stadtrat, [Magistrat], Stadtverordneten) angehören.

In manchen Fällen wird der Vorsitzende des Gewerbegerichts als Vorsitzender dieser Kommission bestimmt. Eine engere Angliederung an das Gewerbegericht findet sich an einigen Orten insofern, als die Kommissionsmitglieder für die Arbeitsnachweis-Anstalt aus den Reihen der Gewerbegerichtsbeisitzer genommen werden, oder daß die letzteren bei der Wahl der Mitglieder mitwirken. In anderen Städten werden die Mitglieder dieser Kommission von der Stadtverwaltung ernannt und zwar auf Grund von Vorschlägen aus Interessentenkreisen. Diese Art der Zusammensetzung der Kommission dürfte die einfachste sein; sie erfüllt ihren Zweck vollkommen; denn der eigentliche Erfolg einer Arbeitsnachweis-Anstalt ist weniger von der Form ihrer Organisation abhängig, als vielmehr davon, in welchem Geiste die Anstalt geleitet und wie die praktische Tätigkeit ausgeübt wird. Aus den nachstehenden Satzungen kann entnommen werden, in welch einfacher Weise der kommunale paritätische Arbeitsnachweis organisiert werden kann, ohne daß das Vertrauen der Bevölkerung in die Anstalt und damit ihr Erfolg und ihre Wirksamkeit eine Einbuße erleidet.

I.

Orts-Statut

über die

Verwaltung der Allgemeinen Arbeitsnachweis-Anstalt

der Stadt Freiburg im Breisgau

(jetzt Städtisches Arbeitsamt).

(Genehmigt durch den Bürgerausschuß mit Beschluß vom 12. März 1897 und durch das Großh. Ministerium des Innern mit Erlaß vom 7. April 1897, Nr. 10147 I.)

§ 1.

Zur Leitung und Beaufsichtigung der Allgemeinen Arbeitsnachweis-Anstalt wird gemäß § 19a der Städte-Ordnung eine besondere Kommission gebildet, welche den Namen „Kommission für die städtische Arbeitsnachweis-Anstalt" führt.

Derselben liegt die gesamte Geschäftsführung ob, soweit sie nicht durch Gesetz, Verordnung oder Statut dem Stadtrate und eventuell Bürgerausschuß vorbehalten bleibt.

§ 2.

Nach § 151 der Städte-Ordnung wird der Kommission die Befugnis eingeräumt, Einnahme- und Ausgabedekreturen, sowie Abgangsdekreturen im Einzelbetrage bis zu 50 Mk. zu erteilen.

§ 3.

Die Kommission besteht aus 7 vom Stadtrat zu ernennenden Mitgliedern und ebenso vielen Stellvertretern. Der Vorsitzende und dessen Stellvertreter müssen dem Stadtrat angehören.

Die Ernennung erfolgt alle drei Jahre und zwar jeweils nach den Erneuerungswahlen der städtischen Kollegien. Scheidet ein Mitglied während der Dienstperiode aus, so wird für die Restdauer ein Ersatzmann ernannt.

Die Mitglieder der Kommission bekleiden ihr Amt unentgeltlich als Ehrenamt.

§ 4.

Zur Beschlußfähigkeit der Kommission wird erfordert, daß auf Ladung außer dem Vorsitzenden oder seinem Stellvertreter mindestens 3 Mitglieder erschienen sind.

§ 5.

Die Beschlußfassung geschieht nach absoluter Stimmenmehrheit; im Falle der Stimmengleichheit entscheidet die Stimme des Vorsitzenden. Über die gefaßten Beschlüsse wird ein von allen anwesenden Mitgliedern zu unterzeichnendes Protokoll aufgenommen. Die Ausfertigung der Beschlüsse unterzeichnet der Vorsitzende.

§ 6.

Die Geschäftsordnung für die Anstalt wird vom Stadtrat erlassen, welcher auch auf alle gegen die Kommission gerichteten Beschwerden endgültig zu entscheiden hat.

Die Festsetzung bezw. Erhöhung des Gebührentarifs unterliegt nach § 71 der Städte-Ordnung der Genehmigung des Bürgerausschusses.

II.

Geschäfts-Ordnung

für die

Allgemeine Arbeitsnachweis-Anstalt

(jetzt Städtisches Arbeitsamt)

der Stadt Freiburg im Breisgau.

(Genehmigt durch den Stadtrat mit Beschluß vom 14. April 1897, Nr. 5628.)

§ 1.

Die Allgemeine Arbeitsnachweis-Anstalt wird als ein offenes Geschäft betrieben und zwar getrennt für männliche und weibliche Arbeiter.

§ 2.

Sämtliche Geschäfte unter Einschluß der Gebührenerhebung besorgt der Verwalter, welchem noch weitere Arbeitskräfte unterstellt werden können.

Demselben liegt auch, soweit es möglich ist, ob, auf Ansuchen über alle einschlägigen Verhältnisse, insbesondere über die in Betracht kommenden Rechtsverhältnisse mündlich Auskunft zu erteilen.

§ 3.

Die Geschäftsstunden werden besonders bekannt gegeben.

Während derselben muß ein Bediensteter im Geschäftszimmer stets anwesend sein.

§ 4.

Die seitens der Arbeitgeber und Arbeitsuchenden einkommenden Gesuche sind, nach Berufsarten getrennt, in fortlaufender Reihenfolge in die dafür bestimmten Bücher (Karten) einzutragen und möglichst rasch und gewissenhaft zu erledigen.

Auch von auswärts einlaufende Gesuche müssen ebenda eingetragen werden.

§ 5.

Die der Anstalt erteilten Arbeitergesuche gelten, insofern sie nicht vorher ausdrücklich zurückgezogen werden, während eines Monats als fortdauernd.

Die Arbeitersuchenden sind übrigens zur sofortigen Anzeige verpflichtet, sobald sie die betreffende offene Stelle endgültig besetzt haben.

Auswärtige Arbeitgeber sind verpflichtet, die ihnen innerhalb eines Monats zugewiesenen, mit ordnungsmäßiger Anweisung versehenen Arbeiter für Hin- und Rückreise zu entschädigen, wenn letztere die ihnen angewiesene Stelle nicht mehr erhalten können.

§ 6.

Wegen etwaiger Beschwerden in dieser Hinsicht wird auf § 9 verwiesen.

Arbeitergesuche gelten damit als ordnungsmäßig erledigt, daß seitens der Anstalt dem betreffenden Arbeitgeber entsprechende Arbeitskräfte zugewiesen worden sind und diese die Stelle angetreten haben.

§ 7.

Die Anstalt hat durch Umfrage einen lebhaften Verkehr mit den Arbeitgebern zu unterhalten, um, soweit möglich, auf diesem Wege auch festzustellen, ob die Arbeitersuchenden versorgt sind, ferner ob und welche noch nicht angemeldeten Arbeitsstellen offen stehen.

§ 8.

Den Kommissionsmitgliedern und deren Stellvertretern ist auf Vorzeigen ihrer Ausweiskarte die umfassendste Einsichtnahme von allen Einrichtungen der Allgemeinen Arbeitsnachweis-Anstalt tunlichst zu ermöglichen.

§ 9.

Wünsche und Beschwerden können von jedermann in das zu diesem Zweck im Geschäftszimmer aufliegende Beschwerdebuch eingetragen werden. Innerhalb 24 Stunden nach erfolgtem Eintrage ist ein Auszug hieraus dem Kommissionsvorsitzenden mitzuteilen und, wie geschehen, im Beschwerdebuch zu vermerken.

§ 10.

Vier Wochen nach Schluß des Kalenderjahres ist der vorgeschriebene statistische Nachweis über die Gesamtergebnisse des Anstaltbetriebes an die Kommission vorzulegen.

ANLAGEN.

PLÄNE, FORMULARE.

Inhaltsverzeichnis:

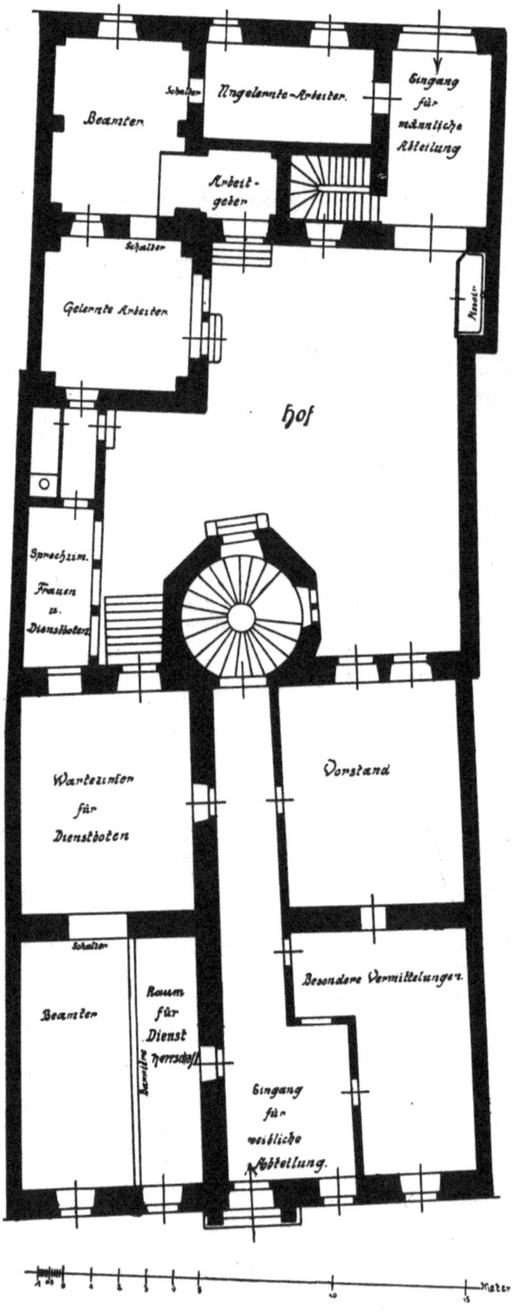

Städtisches Arbeitsamt Freiburg im Breisgau.

Einwohnerzahl der Stadt Freiburg nach der letzten Volkszählung 74 000.

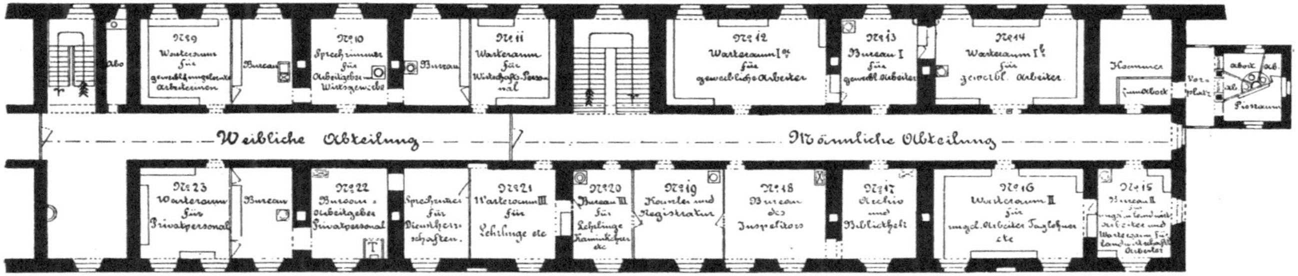

Städtisches Arbeitsamt München.

Einwohnerzahl der Stadt München nach der letzten Volkszählung 537 000.

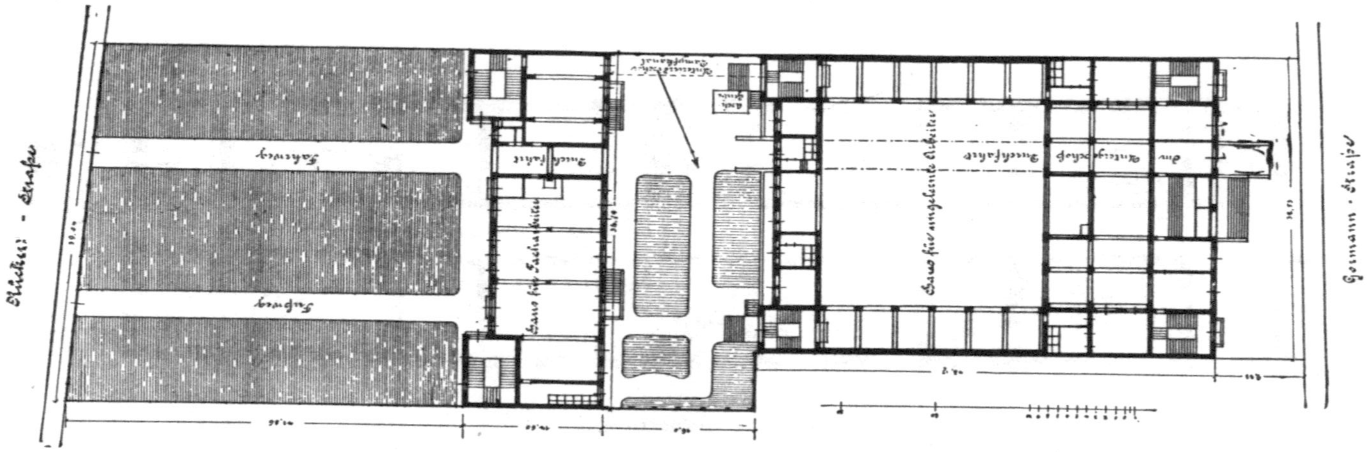

Zentralarbeitsnachweis in Berlin.

Lageplan.

Einwohnerzahl der Stadt Berlin nach der letzten Volkszählung 2 033 000.

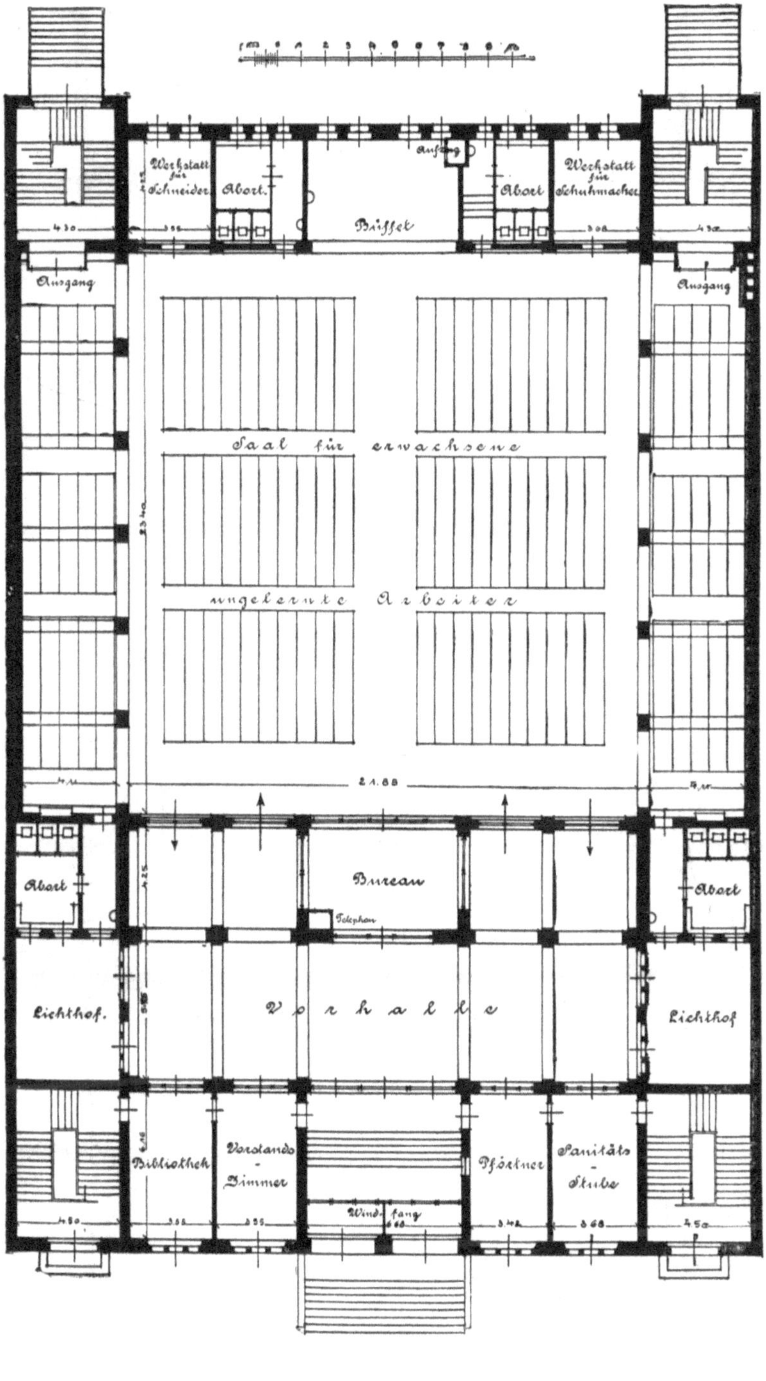

Zentralarbeitsnachweis in Berlin.

Haus für ungelernte Arbeiter. Erdgeschoß.

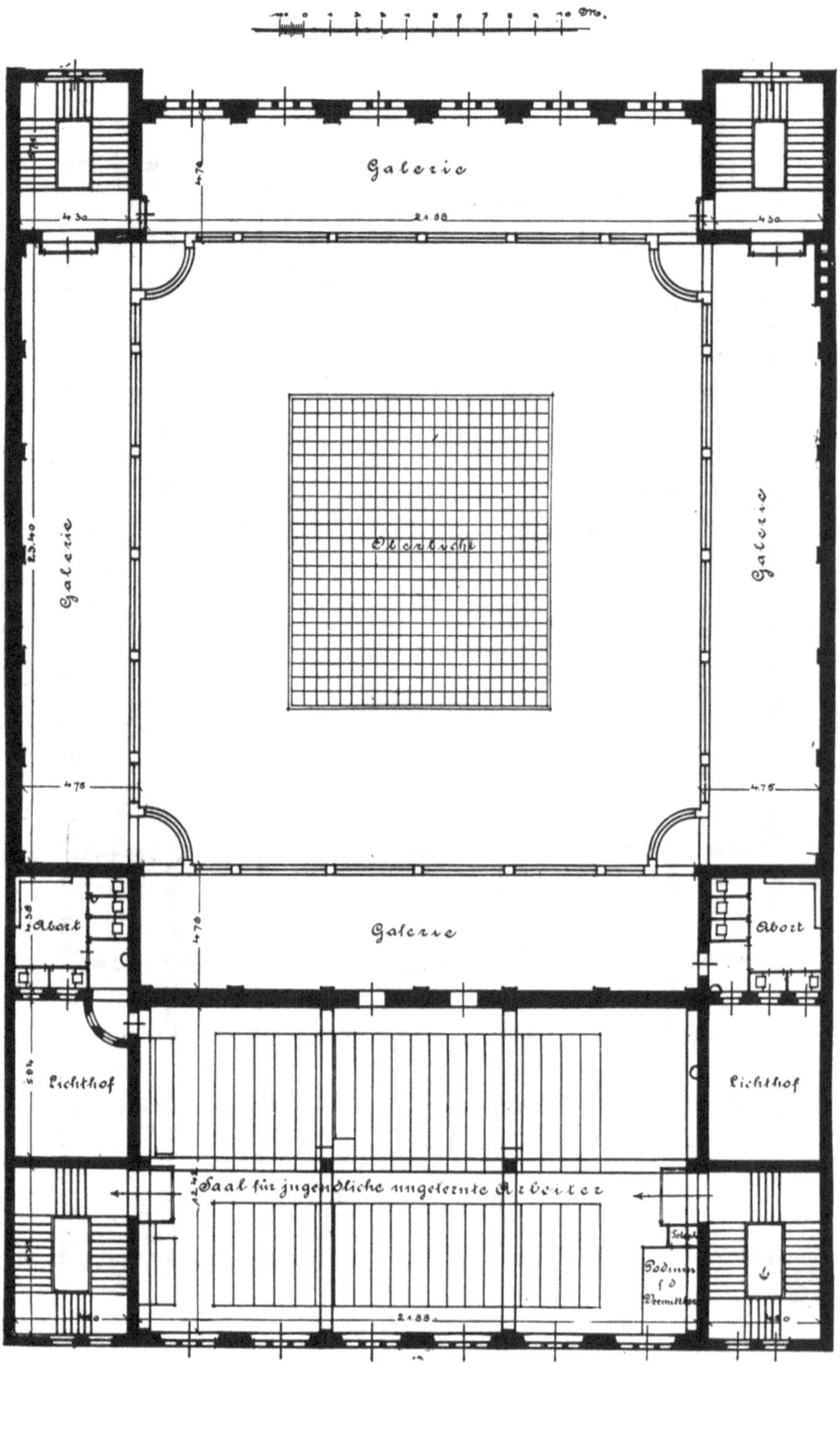

Zentralarbeitsnachweis in Berlin.

Haus für ungelernte Arbeiter. I. Stockwerk.

a)

b)

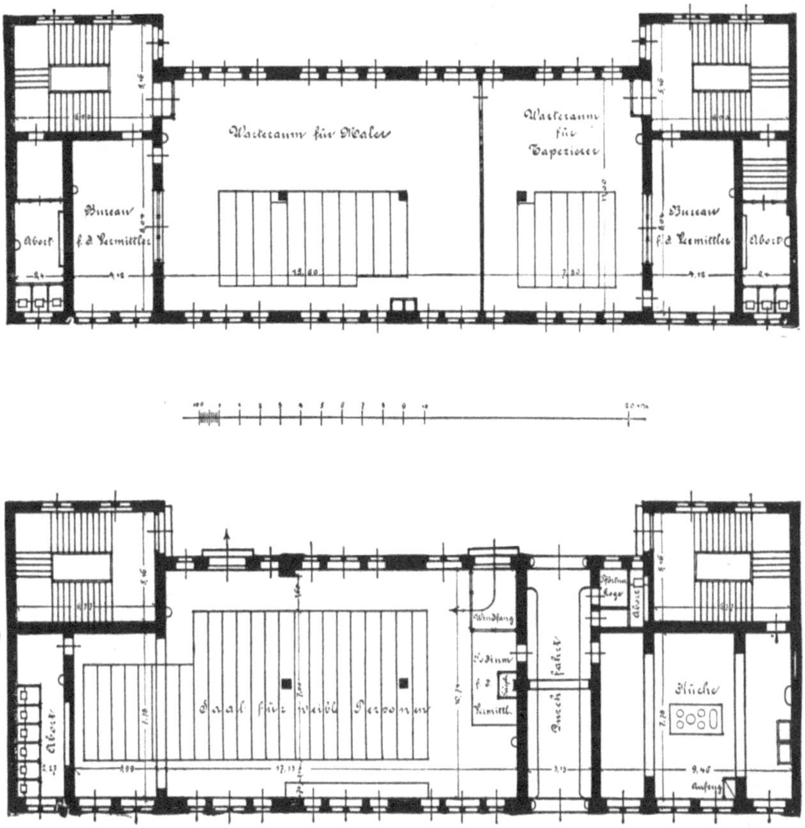

Zentralarbeitsnachweis in Berlin.

Haus für Facharbeiter. a) II. Stockwerk, b) Erdgeschoß.

Zentralarbeitsnachweis in Berlin.

Haus für ungelernte Arbeiter. Front an der Gormannstaße.

Zentralarbeitsnachweis in Berlin.
Haus für ungelernte Arbeiter. Saal für Erwachsene.

Hausordnung.

§ 1.

Der Aufenthalt in den Warteräumen ist nur den arbeit- und stellensuchenden Personen unter den in dieser Hausordnung festgesetzten Bedingungen gestattet. Gewerbsmäßigen Stellenvermittlern (Verdingerinnen) und jenen Personen, die für solche tätig sind, ist der Zutritt strengstens untersagt.

§ 2.

Die Arbeitsuchenden haben sich sofort in den Warteraum zu begeben. Das Herumstehen in den Gängen und unter oder vor der Haustüre ist nicht gestattet.

§ 3.

Jeder Arbeitsuchende hat ein Formular — Gesuch um Zuweisung von Arbeit — auszufüllen und dasselbe am Schalter abzugeben.

§ 4.

Arbeitsuchende welche im Bureau Arbeit erhalten, haben die Räume der Arbeitsnachweisanstalt sofort zu verlassen, und sich zur bestimmten Zeit bei dem angewiesenen Arbeitgeber vorzustellen. Es ist ihnen streng untersagt, andern Arbeitsuchenden von der erhaltenen Adresse Kenntnis zu geben.

Die Karte darf weder einer andern Person vorgezeigt noch ausgehändigt werden; die Arbeitsuchenden sind dafür verantwortlich, daß die Karte — vom Arbeitgeber ausgefüllt und unterschrieben — umgehend, längstens andern Tags, wieder zur Anstalt zurückkommt, wenn sie sich nicht der Gefahr aussetzen wollen, daß ihnen der Arbeitsnachweis künftig versagt werde. Sobald ein Gesuchsteller irgendwo Arbeit erhalten hat, wenn auch nicht durch Vermittlung der Arbeitsnachweisanstalt, hat derselbe den erhaltenen Vormerkezettel sogleich bei der Anstalt abzugeben, oder durch die Post mit der Angabe, wo Arbeit erhalten, einzusenden.

§ 5.

Arbeitgeber und Dienstherrschaften, sowie solche Personen, die im Auftrag derselben die Anstalt aufsuchen, haben sich stets direkt ins Bureau zu begeben.

§ 6.

Die Arbeitsuchenden haben sich stets eines ruhigen und anständigen Benehmens zu befleißigen. Es wird erwartet, daß dieselben selbst für Ruhe, Ordnung und Reinlichkeit Sorge tragen. Jede Verunreinigung, das Spucken auf den Boden, das Beschreiben der Tische und Wände ist strengstens verboten.

§ 7.

Rauchen, Karten- und Würfelspiel ist unbedingt verboten.

§ 8.

Betrunkenen und arbeitsscheuen Personen ist der Aufenthalt nicht gestattet.

§ 9.

Strafbare Handlungen, Hausfriedensbruch (siehe unten § 123 des Reichsstrafgesetzbuches), Widersetzung gegen die Anordnungen des Dienstpersonals, Beleidigung desselben werden der strafrechtlichen Verfolgung übergeben.

§ 10.

Wer sich den Bestimmungen vorstehender Hausordnung nicht fügt, hat sofortige Ausweisung zu erwarten.

Der (in § 9 erwähnte) § 123 des Reichsstrafgesetzbuches lautet: „Wer in die Wohnung, in die Geschäftsräume oder in das befriedete Besitztum eines andern oder in abgeschlossene Räume, welche zum öffentlichen Dienst bestimmt sind, widerrechtlich eindringt, oder wer, wenn er ohne Befugnis darin verweilt, auf die Aufforderung des Berechtigten sich nicht entfernt, wird wegen Hausfriedensbruch mit Gefängnis bis zu drei Monaten oder mit Geldstrafe bis zu 300 Mark bestraft.

Die Verfolgung tritt nur auf Antrag ein. Ist die Handlung von mehreren gemeinschaftlich begangen worden, so tritt Gefängnisstrafe von einer Woche bis zu einem Jahre ein.

Formular 2. (Seite 10.)

Form. A. Buchführung

1	2	3	4	5	6
Lfd. Nr.	Datum der Anmeldung		Name	Beruf oder Stand	Wohnung
	Monat	Tag	des Arbeitgebers		
91	Juni	11.	A. Bea	Hof-Schuhmacher	Kaiserstraße 116
92	Juni	11.	J. Beyer	Schuhm.-Meister	Kenzingen
93	Juni	11.	J. Lösch	Lederfabrik	Endingen a. K.
94	Juni	12.	Gebr. Kriechle	Schuhfabrik	Bonndorf

Formular 3. (Seite 10.)

Form B. Buchführung

1	2	3	4	5	6	7
Lfd. Nr.	Datum der Anmeldung		Name	Beruf oder Stand	Wohnung	Geburtsort
	Monat	Tag	der Arbeitsuchenden			
121	Juni	13.	Karl Meyer	Schuhmacher	zugereist	München
122	Juni	13.	Paul Krebs	Lederzurichter	Gerberau 4	Kandern
123	Juni	14.	J. M. Bucher	Schuhmacher	Hauptstr. 5	Karlsruhe
124	Juni	14.	Emil Scherer	Schuhmacher	zugereist	Frankfurt a. M.

für Arbeitgeber.

7	8	9	10	11	12	13	14	15
Zahl	Besonderer Beschäftigungszweig (Branche)	Bemerkungen	Arbeiter zugewiesen			Erledigt durch		
der verl. Arbeitskräfte			Datum		Nr.	Einstellung	Zurücknahme	Fristablauf
			Monat	Tag				
2	Schuhmacher	1 f. Sohlen u. Flecken	Juni	14.	123	Ja	—	—
		1 f. mittlere Damenarbeit	„	14.	124	—	Ja	—
1	Schuhmacher	für feine Herrenarbeit	Juni	15.	128	Ja	—	—
2	Gerber	gut bezahlte dauernde Stellung	Juni	14.	125	Ja	—	—
			„	18.	133			
3	Schuhmacher	jüngere Leute bevorzugt	Juni	13.	121	Ja	—	—
			„	16.	129	Ja	—	—

für Arbeitnehmer.

8	9	10	11	12	13	14	15	16	17	18	19	20	21	22	23
Alter in Jahren	Familienstand	Bemerkungen	Arb. nachgew.			Erled. durch			Wie lange außer Arbeit?						
			Datum		Nr.	Einstellung	Zurücknahme	Fristablauf	garnicht	unter 1	1 bis unt. 4	4 bis unt. 8	8 bis unt. 13	13 und mehr	unbekt. od. nicht angegeb.
			Monat	Tag						Wochen					
18	l.		Juni	13.	94	Ja	—	—			2				
24	v.	verfügt über gute Zeugnisse				—	Ja	—		Ja					
19	l.	Arbeiter für Sohlerei	Juni	14.	91	Ja	—	—	Ja						
23	l.	Arbeiter für Damenarbeit	Juni	14.	91	—	—	—			3				
			„	15.	124	Ja	—	—							

Formular 4. (Seite 13.)

Männliche Abteilung — Arbeitgeberkarte Nr. *12a*

Name: *Franz Mauer*

Betriebsart, Beruf: *Schreinerei*

Wohnung: *Karlstraße*

Gesucht wird *2 Möbelschreiner*

Bemerkungen über Alter, Lohn, Fähigkeiten, Zeit des Eintritts usw.: *20—25 Jahre alt, für feine Möbel, Lohn nach Tarif, Eintritt sofort.*

Datum: *10. März 1907.*

Datum	Zugewiesen wurde	Eingestellt
12. 3. 07	*4196*	*ja*
	oder	
	Franz Maier	
13. 3. 07	*Karl Müller*	

Formular 5. (Seite 14.)

Städtisches Arbeitsamt . . . . .

Klasse Nr. *12a*

Männliche Abteilung

Gesuch um Zuweisung von Arbeit.

Name: *Franz Maier*

Beruf: *Schreiner*

Wohnung: *Egonstraße 20*

Geburtsort: *Mainz*

Alter: *22* **ledig:** *ja* **verheir.:**

Wie lange arbeitslos? *8* **Tage** **Wochen**

Zuletzt gearbeitet bei: *Braun, Offenburg*

Wird auch Stelle auswärts angenommen? *nein*

Wird auch andere Arbeit angenommen? *nein*

Datum: *12. März 1907.* **4196**

Formular 6. (Seite 14.)

Weibliche Abteilung — Arbeitgeberkarte Nr. *23*

Name: *Klaus*

Stand: *Privat*

Wohnung: *Bismarckstraße 5*

Gesucht wird *eine Köchin*

Eintritt: *1. April* Lohn: mon. *30 M.* viertelj.

Bemerkungen: *gute Zeugnisse, bürgerliche Küche*

Datum: *15. Februar 1907.*

Datum	Zugewiesen wurde	Eingestellt
6. 3. 07	*Frieda Fischer*	*ja*

Formular 7. (Seite 14.)

Städtisches Arbeitsamt . . . . .

Klasse Nr. *23*

Weibliche Abteilung.

Gesuch um Zuweisung einer Stelle.

Vor- und Zuname: *Frieda Fischer*

Wohnung: *Kaiserstraße 50*

Geburtsort: *Müllheim*

Alter: *26* ledig: *ja* verheir.:

Als was wird Stellung gesucht? *Köchin*

Wie lange stellenlos? *nicht* Tage Wochen

Bei wem in Stellung? *Bauer, Kaiserstraße 50*

Bis wann wird Stellung gesucht? *1. April*

Zeugnisse: *ja*

Bemerkungen: *kann gut bürgerlich kochen*

Datum: *5. März 1907.*

Formular 8. Vorderseite. (Seite 15.)

39981

Eingetragen am:

Name:

Wohnung:

Geboren am:

Verheiratet, ledig.

Letzter Beschäftigungsort:

Seit wann arbeitslos?

In welcher Branche arbeitslos geworden:

Branche in der nachgewiesenen

Stellung:

Dorthin eingetreten am:

Lohn:

Nr. 39981

Central-Verein für Arbeitsnachweis

Gormannstr. 13.

Bescheinigung

für den

über die am erfolgte Eintragung in die Liste des Arbeitsnachweises, wofür eine Einschreibegebühr von 20 Pf. entrichtet ist.

Zur Beachtung!

Bei Zuweisung einer Arbeitsstelle wird diese Bescheinigung dem Inhaber abgenommen und im Bureau des Arbeitsnachweises aufbewahrt. Diejenigen Arbeitnehmer, welche vom Arbeitgeber **nicht** eingestellt werden, haben sich **unverzüglich** im Bureau zwecks Wiedereinhändigung der Bescheinigung zu melden und eine Bescheinigung vom Arbeitgeber über die **Nicht**-Einstellung beizufügen, widrigenfalls die Bescheinigung ihre **Gültigkeit verliert.**

Die Rückseite ist zu beachten!

1. Durch die Ausgabe dieses Scheines übernimmt der Central-Verein für Arbeitsnachweis keine **Verpflichtung,** dem Inhaber des Scheines unter allen Umständen Arbeit zu verschaffen.
2. Der Schein hat nur eine Gültigkeitsdauer von 3 Monaten. Nach Ablauf derselben muß ein neuer Schein gelöst werden.
3. Eine Rückerstattung der für den Schein gezahlten Gebühr findet **nicht** statt.
4. Personen, welche nur **vorübergehend** bis zur Höchstdauer von **drei Tagen** in Arbeit eingestellt werden, erhalten nach Beendigung der Arbeit einen neuen Schein kostenlos ausgestellt. Wird diese übernommene vorübergehende Arbeit **ohne Grund nicht zu Ende geführt,** so findet die **kostenlose** Ausstellung eines neuen Scheines nicht statt; vielmehr muß für den neuen Schein eine Gebühr von 20 Pf. entrichtet werden.

Formular 9. (Seite 16.)

Name des Arbeitgebers: ....

....

Branche: .... Eingegangen: ....

.... Erledigt: ....

Zahl der verlangten Personen	Art der Stellung	Lohnsatz	Sonstige Arbeitsbedingungen
....	....	....	....
....	....	....	....
....	....	....	....

Ergebnis des Gesuchs: ....

Telephon-Zentrale:
Amt III
3791, 3792, 3793, 3794, 3795,
3796, 3797.

BERLIN, den .... 1907.
Gormann-Straße 13.

Herr ....

....

Auf Ihre Bestellung überweisen wir Ihnen die folgenden Arbeitnehmer:

1.	8.	15.
2.	9.	16.
3.	10.	17.
4.	11.	18.
5.	12.	19.
6.	13.	20.
7.	14.	21.

Die Rückseite ist zu beachten!

Formular 10. Rückseite.

Wir bitten ergebenst, nur diejenigen Arbeitnehmer zu berücksichtigen, deren Namen hierauf verzeichnet stehen, da nur diese von uns überwiesen sind.

Falls keiner der überwiesenen Arbeitnehmer Ihnen zusagt, ersuchen wir um gefl. Mitteilung auf dieser Karte, ob weitere Zusendung erfolgen soll.

Den Arbeitern, welche nur vorübergehend bis zur Höchstdauer von 3 Tagan in Arbeit eingestellt werden, bitten wir nach Ausführung derselben hierunter zu bescheinigen, daß die Arbeit beendet ist.

Der Centralverein für Arbeitsnachweis.

Wegen Formular 11 siehe Anmerkung Seite 95.

Zur Beachtung! Diese Karte muß dem Arbeitgeber zur Ausfüllung und Unterschrift vorgelegt und dann an die Anstalt **sofort** zurückgegeben werden! Die Vermittlung ist kostenfrei!

No...............

Herrn
Frau ....

....*Straße No.*..............

Infolge Ihres Auftrages haben wir ....

....

angewiesen, sich bei Ihnen vorzustellen. Wir biten untenstehende Fragen zu beantworten und diese Karte gefl. umgehend durch de Überbringer oder frankiert durch die Post an unsere Anstalt zurückzusenden.

Städtisches Arbeitsamt.

Wurde Überbringer eingestellt?	Wünschen Sie weiter Zuweisung?	Wenn Stelle schon besetzt durch wen? (Vor- u. Zuname.)
....	....	....
....	....	....

...., *den*..

Unterschrift oder Stempel des Arbeitgebers: ....

Formular 13. (Seite 18.)

Zurückbringen oder zurücksenden!

Städtisches Arbeisamt

Männliche Abteilung: Grünwälderstraße 15 — Wibliche Abteilung: Salzstraße 18

.... *No.*..............

wird angewiesen sich, vorzustellen bei:

Name des Arbeitgebers / der Dienstherrschaft	Wohnort oder Straße
....	....
....	....
....	....
....	....

Eingestellt bei:

Unterschrift des Arbeitgebers / der Dienstherrschaft ....

Formular 12 u. 13. Rückseite.

Postkarte

Freimarke
aufkleben.

An das

Städtische Arbeitsamt

Formular 14. Vorderseite. (Seite 19.)

Städtisches Arbeitsamt . . . . .

Gruppe.................... Nr....................

Vom Arbeitsuchenden selbst auszufüllen.

Vormerkekarte

(Gültig 1 Monat)

Name: ....

Beruf: ....

Wohnung: ....

Geburtsort: ....

Alter: .... Jahre.

Verheiratet.................... ledig....................

Zuletzt beschäftigt bei: ....

Als was? ....

Stempel:

Siehe Bemerkungen umstehend.

Formular 14. Rückseite.

Zur Beachtung!

Diese Karte ist vom Arbeitsuchenden selbst auszufüllen. Sie ist gültig für die Dauer eines Monats und muß vom Arbeitsuchenden jeweils beim Nachfragen wegen Arbeit dem abfertigenden Beamten vorgezeigt werden; es empfiehlt sich, täglich wiederholt vorzusprechen.

Falls der Arbeitsuchende Arbeit gefunden hat, gleichviel ob durch oder ohne unsere Vermittlung, ist diese Vormerkekarte der Anstalt abzugeben.

Kann dem Arbeitsuchenden eine Stelle nachgewiesen werden, so empfängt er am Schalter eine Zuweisungskarte bezw. Schein mit der Adresse des Arbeitgebers. Diese Karte, **die nicht auf andere übertragbar ist,** muß nicht nur **unverzüglich** dem Arbeitgeber zur Unterschrift vorgelegt, sondern auch an die Anstalt **zurückbesorgt** werden.

Auf Grund Ihres Auftrages haben wir Ihnen verschiedene Personen zugewiesen. Wir **bitten dringend** uns **sofort** mitzuteilen

1. ob die von Ihnen angemeldete Stelle besetzt ist und wen Sie eingestellt haben?
2. ob Sie weitere Zuweisung wünschen?

Im Interesse der ordnungsmäßigen Führung unserer Register müssen wir künftighin strenge darauf achten, daß die obigen Fragen beantwortet werden. Wir sehen uns deshalb veranlaßt in Zukunft diejenigen Gesuchsteller bei Zuweisung von Personal **in erster Reihe** zu berücksichtigen, die dem obigen Ersuchen pünktlich nachkommen.

Im übrigen **erlischt** Ihr Auftrag, falls wir innerhalb 8 Tagen keine Nachricht von Ihnen erhalten.

Städtisches Arbeitsamt

Telephon Nr. 194.

Antwort: ....

....

....

....

Formular 15. Rückseite.

Städtisches Arbeitsamt .....

Geschäftsstunden: 8/9—12 Uhr vormittags. 2—6 Uhr nachmittags.

Postkarte

An das

Städtische Arbeitsamt

....

....

....

....

....

....

....

Anmerkung: Diese Karte wird von der Anstalt unter Kouvert als Drucksache versendet und kann vom Empfänger zur Antwort benützt werden.

Formular 16. (Seite 22.)

Zurückbringen oder zurücksenden!

Städtisches Arbeitsamt . . . . .

Weibliche Abteilung

Geschäftsstunden: 8—12 (Okt. bis April 9—12) und 3—6 Uhr.

....

Wenden Sie sich unter Bezugnahme auf unsere Anstalt an nachstehende Personen und geben Sie uns unter **Rückgabe dieses Zettels** sofort Nachricht, welche davon eingestellt wurde.

....

....

....

....

Eingestellt wurde: ....

Formular 18. (Seite 23.)

Allgemeine Arbeitsnachweisanstalt

Fernsprecher Nr.

Auf Grund Ihrer Vormerkung ersuchen wir Sie, sich

....

....

an unserm Geschäftszimmer . . . . einzufinden, da wir unseres Erachtens eine für Sie passende Stellung gefunden haben.

Die Verwaltung:

Formular 17. (Seite 22.)

Arbeitsnachweisanstalt der Stadt . . . . .

Name: ....

Art der Stellung: ....

Gegenwärtige Adresse: ....

Alter: ....

Geburtsort: ....

Der Eintritt kann erfolgen am: ....

Tag der Anmeldung: ....

Sonstige Bemerkungen: ....

....

....

....

Unentgeltlich werden Stellen vermittelt

von den nachstehend bezeichneten

Arbeitsnachweisanstalten

in Baden:

Bruchsal, Friedrichstraße 60.

Freiburg i. Br., Schusterstr. 19 u. 21.
Mädchenherberge.

Heidelberg, Hauptstraße 193.

Karlsruhe, Zähringerstraße 112.

Konstanz, Neugasse 27.
Mädchenherberge.

Lahr, Rathaus.

Lörrach, Palmstraße 18.

Mannheim, Alte Dragonerkaserne.

Müllheim, Kraftgasse.

Offenburg, Kornstraße 3.

Pforzheim, Gymnasiumsstraße 11.

Schopfheim.

Waldshut, Rheinstraße 23.

Städtisches Arbeitsamt . . . . .

Fernspr.: Nr. 194. Bureauzeit: 8—12 u. 2—6 Uhr. Sonn- u. Feiertags geschlossen.

Datum des Poststempels.

Kostenlose Stellenvermittlung.

Von Ihrem Gesuch um Zuweisung von Arbeitskräften haben wir Vormerkung genommen und werden uns bemühen, dasselbe innerhalb der **einmonatlichen Vormerkungsfrist** zu erledigen. Sollte das Gesuch ohne unser Zutun seine Erledigung finden, so ersuchen wir um entsprechende Mitteilung. **Im Falle der Unterlassung dieser Mitteilung und der hierdurch veranlaßten vergeblichen Zusendung eines Arbeiters halten wir Sie für verpflichtet, denselben wenigstens für Hin- und Rückfahrt zu entschädigen.**

Kostenlose Stellenvermittlung.

Die Verwaltung.

Formular 19. Rückseite.

Drucksache.

An ....

....

in ....

....

Auf Ihre Anfrage vom ....

Wenden Sie sich unter Angabe Ihrer Personalien und Beilage Ihrer Zeugnisse schriftlich an nachstehende Adressen:

....

....

....

....

Wir erwarten jedoch bestimmt Nachricht darüber, ob und bei wem Sie eingestellt worden sind oder ob Sie weitere Adressen wünschen.

....

....

....

Städtisches Arbeitsamt.

Formular 20. *Rückseite.*

Städtisches Arbeitsamt . . . . .

Unentgeltliche Stellenvermittlung für Personal aller Art.

POSTKARTE

....

....

....

....

....

....

....

Herrn ....

....

....

....

Allgemeine Arbeitsnachweisanstalt der Stadt . . . . . .

Datum des Poststempels.

P. P.

Auf Ihr Gesuch wegen Vermittlung einer Stelle teilen wir Ihnen mit, daß zurzeit eine für Sie passende Stelle nicht angemeldet ist.

Wir haben Sie jedoch vorgemerkt und werden Ihnen Nachricht geben, falls in nächster Zeit Anmeldungen passender Stellen einlaufen sollten.

Die Verwaltung.

Die Vermittlung erfolgt vollständig kostenlos.

Formular 21. Rückseite.

Drucksache.

An ....

....

in ....

....

Arbeits amt / nachweis

Formular 22. (Seite 25.)

Verzeichnis der offenen Stellen am ....

Männliches Personal:		Küfer (Keller, Wein)		**Weibliches Personal:**	
Anstreicher, Tüncher		Kürschner		Büfettfräulein	
Asphalteure, Zementeure		Kupferschmiede		Fabrikarbeiterinnen	
Bäcker		Kutscher		Kellnerinnen	
Bauernknechte		Lakierer, Blech-		Kindermädchen	
Beindreher		Wagen-		Köchinnen	
Bierbrauer					

folgen die übrigen Berufsarten.

N. B. Stellenangebote, die voraussichtlich an demselben oder am folgenden Tag innerhalb der Stadtgemeinde gedeckt werden können, sind in die Liste nicht aufzunehmen. **Stellen nach auswärts** sind als solche durch den Zusatz „n. a." besonders kenntlich zu machen.

Formular 23. (Seite 25.)

Offene Stellen

bei den badischen Arbeitsnachweisen am ....

Zusammengestellt von der Arbeitsnachweisanstalt Karlsruhe als Landeszentrale auf Grund der Mitteilungen der Arbeitsnachweisanstalten.

Berufsarten	Bei dem Arbeitsnachweis						Berufsarten	Bei dem Arbeitsnachweis						Berufsarten	Bei dem Arbeitsnachweis					
	Bruchsal	Durlach	Freiburg	Heidelberg	Karlsruhe	folgen die übrigen Anstalten		Bruchsal	Durlach	Freiburg	Heidelberg	Karlsruhe	folgen die übrigen Anstalten		Bruchsal	Durlach	Freiburg	Heidelberg	Karlsruhe	folgen die übrigen Anstalten
Männliches Personal:							Kupferschmiede							**Weibliches Personal:**						
Anstreicher, Tüncher	1						Kutscher							Büfettfräulein					1	
Asphalteure, Zement.							Lackierer { Blech-			3				Fabrikarbeiterinnen	4					
Bäcker		1 jg.					Lackierer { Wagen-							Kellnerinnen			3			
Bauernknechte							Lithographen							Kindermädchen		1				
Beindreher							Maler					6		Köchinnen						
Bierbrauer			2 n. a.				Maschinenarbeiter		2 n. a.											
Blechner (Spengler Flaschner)							Maschinisten													
Buchbinder							Maurer				3									

folgen die übrigen Berufsarten.

[NB.: n. a. = nach auswärts; jg. = jung]

Zur Beachtung.

[a. — alter; l. = ledig; verh. = verheiratet.]

Die Vermittlung der Arbeitsanstalten, welche sich auf männliches und weibliches Personal erstreckt, erfolgt durchaus kostenlos.

Stellenbewerber sollen sich persönlich an die Arbeitsnachweisanstalt ihres Aufenthaltes oder schriftlich unter Angabe ihres Alters und ihrer bisherigen Tätigkeit an diejenige Arbeitsnachweisanstalt wenden, bei welcher die offene Stelle angemeldet ist.

Für Personen, denen durch die Arbeitsnachweisanstalten eine auswärtige Stelle vermittelt wird, wird auf allen deutschen Bahnen der Fahrpreis für die unterste Klasse der Personenzüge von 2 Pfg. auf $1^1/_2$ Pfg. pro Kilometer ermäßigt, wenn die Entfernung mehr als 25 km beträgt.

Zu schriftlichen Gesuchen um Zuweisung von Arbeitskräften oder Arbeit können Arbeitgeber und Arbeitsuchende durch die einzelnen Anstalten oder Bürgermeisterämter ihres Aufenthaltsortes Formulare erhalten und solche durch deren Vermittlung als portopflichtige Dienstsache an jede gewünschte Arbeitsnachweisanstalt einsenden.

An

Auf Grund der Vakanzenliste bewirbt sich der unten Genannte um die vom dortigen Arbeitsnachweis ausgeschriebene Stelle seines Berufs

Name: ....

Beruf: ....

Geburtsort: ....

Alter: .... ledig: .... verheiratet: ....

Angaben: (z. B. über Besitz von Zeugnissen, wo zuletzt gearbeitet, spezielle Kenntnisse usw.) ....

Falls der Bewerber für die Stelle geeignet sein sollte, wird gebeten, der Arbeitsnachweisanstalt . . . . **sofort** telephonisch Nachricht zu geben oder die angebogene Karte **umgehend** zurückzusenden.

Datum: ....

Auf Grund Ihrer Bewerbung um die bei uns angemeldete Stelle

teilen wir Ihnen mit,

daß die Stelle noch **unbesetzt** ist und ersuchen Sie sofort hierher zu reisen. Schein zur **Fahrpreisermäßigung** erhalten Sie von der Arbeitsnachweisanstalt Freiburg. Wir bemerken jedoch, daß unsere Anstalt keinerlei Verpflichtung übernimmt, falls Sie nicht eingestellt werden, oder die Stelle in der Zwischenzeit besetzt werden sollte.

daß die Stelle bereits **besetzt** ist.

Arbeitsnachweisanstalt ....

Straße ....

Datum: ....

Anmerkung: Das Nichtzutreffende ist durchzustreichen.

Allgemeine Arbeitsnachweisanstalt . . . . .

Fernsprecher Nr. 194.

An die

Arbeitsnachweisanstalt

(Arbeitsamt)

....

....

Ausweis

zur Erlangung einer Fahrpreisermäßigung

zum Zwecke der Arbeitsvermittelung

für ....

zur Fahrt in IV.*) Wagenklasse am ....ten .... 190 ..

von .... nach ....

über ....

Dem Inhaber ist eine Arbeitstelle in vermittelt.

Freiburg im Breisgau, den .... 190 ..

Stempel des Arbeitsamtes.

Das städtische Arbeitsamt der Stadt Freiburg im Breisgau.

Unterschrift: ....

Anmerkung: 1. Die Arbeitnachweisanstalt hat den Vordruck auszufüllen und zu unterschreiben.	**Vermerke und Stempel der Fahrkartenausgaben:**

*) Auf Bahnstrecken, auf welchen keine IV. Klasse geführt wird, zur Fahrt in III. Klasse der Personenzüge gültig. Der Ausweis ist bei Beendigung der Fahrt mit der Fahrkarte dem Zug- oder Bahnsteigschaffner abzugeben.

No. *50*

Gesuch um Vermittlung einer Lehrstelle.

Das **Städtische Arbeitsamt** wird ersucht, dem unten bezeichneten Knaben eine Lehrstelle zu vermitteln:

Zu- und Vorname: *Alois Ries*

Wohnung: *Stadtstraße 44*

Alter: *14 Jahre*

Geburtsort: *Freiburg*

In welchem Berufe wird eine Lehrstelle gewünscht:

Gürtler

Wird auch Stelle auswärts angenommen? *Nein*

Kann der Lehrling zu Hause Kost und Wohnung erhalten:

Unter Umständen

Datum: *3. Januar 1907*

Unterschrift des Vaters, der Mutter oder des Vormundes:

Peter Ries.

Es empfiehlt sich, diese Karte persönlich im städtischen Arbeitsamt . . . . abzugeben. Die Lehrstellenvermittlung findet in der Regel Mittwoch u. Samstag nachmittags von 2—6 Uhr statt. Kostenlose Vermittlung.

Formular 26. Rückseite.

Postkarte

An das

Städtische Arbeitsamt

in ....

Die allgemeine Arbeitsnachweisanstalt bescheinigt, daß dem ....

....

keine Arbeit nachgewiesen werden konnte.

.............................., **den** ....

(Siehe Anmerkung Rückseite.)

Formular 27. Rückseite.

Dieser Schein muß bei der **Naturalverpflegstation** . . . abgegeben und darf in keiner Weise als Reiseausweis benützt werden. **Ein Anrecht auf die Verabreichung der Naturalverpflegung gewährt der Schein nicht.**

Formular 28. (Seite 31.) (Siehe Anmerkung Seite 95).

Zur Beachtung.

Die städtische Arbeitsnachweisstelle

in .... Straße ....

vermittelt Stellen und Arbeit jeder Art für Handwerker, Arbeiter, männliches und weibliches Dienstpersonal, Hotel- und Wirtschaftspersonen. Die **Vermittlung** erfolgt **unentgeltlich.**

Geöffnet von 8—12 Uhr vormittags und 3—6 Uhr nachmittags.

Formular 29. (Seite 32.)

Zur Beachtung.

Stellenliste des Städtischen Arbeitsamts

Telephon Nr. 194.

Vermittlungszeit:

Für **gelernte Arbeiter:** 8—10 Uhr vormittags, 3—1/2 5 Uhr nachmittags.
Für **ungelernte Arbeiter:** 10—12 Uhr vormittags, 1/2 5—6 Uhr nachmittags.

Männliche Abteilung:

Es werden gesucht:

Anstreicher, **Bäcker** (jüng.), Bierbrauer (jüng. ausw.), **Bauschlosser, Blechner** und Installateure, Buchbinder, Drechsler (jüng. ausw.), Drahtflechter und Siebmacher (ausw.), Elektromonteure, Elektrohilfsmonteure, Eisendreher, Eisengießer, Fahrradmechaniker, Feinmechaniker und Instrumentenmacher, Friseure, Feld- und Fuhrknechte, Glaser, Gipser, Herrschaftsdiener (ledig, Zeugnisse), Herrschaftskutscher (ledig, ausw.), Holzbearbeitungsmaschinist (ausw.), Hirtenbuben, Heizer (ausw. Brauerei), Installateur (selbständ. ausw.), Kupferschmied (ausw.), Küchenburschen, Krankenwärter (1. Okt.), Kesselschmiede (ausw.), Kunstschlosser, Korbflechter (ausw.), Kugelschleifer (Glasschleifer), Kutscher (jüng.), Küfer, **landw. Knechte,** Monteur (Gas- und Wasserleitung), Möbelpolierer (ausw.), Maschinenschlosser (ausw.), Mechaniker (ält. ausw.), Metzger (jüng. ausw.), Maler, Metallformer (ausw.), Mützenmacher, Melker (jüng. ausw.), Müller (ausw.), Ofensetzer, Steinhauer (jüng., Grabsteine, ausw.), **Schmiede, Schreiner,** Schriftsetzer (Akzidenz- und Werksetzer, ausw.), Säger, Sattler und Tapeziere (ausw.), **Schneider,** Schuhmacher, Tapeziere, Terrazzoarbeiter (ausw.), **Wagner,** Wagenlackierer, Ziegler, Backsteinmacher (ausw.), **Lehrlinge** in fast allen Berufen.

Stellen suchen:

Verh. Taglöhner, verh. Kutscher, Heizer. Ausläufer, Packer, Hausdiener, Schreibgehilfen usw. **Reservisten** als Kutscher, Diener, Hausburschen usw. auf 1. Oktober.

Die **Stellenvermittlung** erfolgt sowohl für Arbeitgeber wie für Arbeitsuchende vollständig **gebührenfrei.**

Städtisches Arbeitsamt.

Formular 30. (Seite 32.)

Unentgeltlich vermittelt Stellen jeder Art das Städtische Arbeitsamt

Abteilung für weibliches Personal

Gesucht für gleich, 15. Oktober und später:

Häusliches Dienstpersonal:

Köchin für Herrschafts- und bürg. Häuser, **Zimmer-** und Hausmädchen, **Kindermädchen** für Herrschafts- und bürg. Häuser, **Mädchen z. Anlernen, Mädchen** für tagsüber, **Mädchen für alles.**

Hotel- und Wirtschaftspersonal:

Restaurationsköchin, Kochfräulein, Kaffeeköchin, Küchenmädchen, Kellnerinnen, einfache **Zimmer-** und Hausmädchen, **2 Büfettfräulein** zum Anlernen.

Sonstige:

Näherinnen, Büglerinnen, Lehrmädchen für Nähgeschäft, Fabrikarbeiterinnen, Laufmädchen, Ladnerin in Kolonialgeschäft, 1 Buchhalterin, Angebote schriftlich einzureichen, Lehrmädchen für Laden.

Stellen suchen:

Personal jeder Art, Haushälterinnen, Monatsfrauen, Putz- und Waschfrauen.

Hotelpersonal. Kaufmännisches Personal: Ladnerinnen Bureaugehilfinnen.

Geschäftsstunden: 8—12 und 3—6 Uhr. **Die Verwaltung.**

Formular 31. (Seite 32.)

Lehrstellenvermittlung des Städt. Arbeitsamts

Offene Lehrstellen

in folgenden Berufen:

Hafner, Steinhauer (ausw.), Gärtner, **Blechner, Bauschlosser,** Schmiede, Eisengießer, Kupferschmied, Siebmacher und Drahtflechter, Feilenhauer, Raspelnhauer, Mechaniker, Gürtler, Wagner, Färber, Buchbinder, **Tapezier,** Posamentier, Sattler. **Schreiner,** Modellschreiner, Küfer, Korbflechter (ausw.), Stuhlmacher, Holzbildhauer, Drechsler, **Bäcker,** Feinbäcker, Konditor, Bierbrauer (ausw.), Müller (ausw.), Friseur, Buchdrucker, **Metzger, Schneider,** Schuhmacher. Zimmermann (ausw.), Kaminfeger, Seifensieder (ausw.), Kürschner und Mützenmacher, Naturalist (Präparator), Schriftsetzer, Steindrucker, Uhrmacher, Säger (ausw.), **Maler,** Uhrenschildmaler (ausw.), Steinbildhauer und Stukkateur, Kaufmann, Installateur, Glaser, Photograph, Kellner, Koch, Architekturbureau, Zahntechniker.

Lehrstelle suchen: Maurer-, Zementeur-, Mechaniker-, Maschinenschlosser-, Feinmechaniker-, Elektriker-.

Die Lehrstellenvermittlung erfolgt in der Regel **Mittwoch** und **Samstag nachmittag** und ist sowohl für Gewerbetreibende und Handwerksmeister wie auch Lehrlinge vollständig gebührenfrei.

Städtisches Arbeitsamt.

Der Inhaber / Die Inhaberin dieser Karte wird hierdurch auf den

Zentralverein für Arbeitsnachweis.

Berlin C., Gormannstraße 13 und Rückerstraße 9 (nahe Hackescher Markt)

aufmerksam gemacht.

Telephon-Amt III, 3791—3797.

Der Verein vermittelt insbesondere Stellen für:

Ungelernte Arbeiter (Tag- und Handarbeiter),
Städtische Arbeiter,
Geschäfts- und Arbeitskutscher, Packer, Radfahrer und Hausdiener jeder Branche, auch für Restaurants und Bäckereien,
Lauf- und Arbeitsburschen,
Maler, Anstreicher und Lackierer (Amt III, 6708),
Schlosser und Bauanschläger,
Tapezierer, Dekorateure und Kleber,
Brauer und Böttcher (Amt III, 2000),
Buchbinder und verw. Berufe,
Bäcker,
Klempner und Rohrleger,
Lederarbeiter (Gerber, Färber),
Stukkateure,
Dachdecker und Gerüstbauer,
Maschinisten und Heizer,
Glaser,
Fahrstuhlführer und Portiers,
Holzindustrie (Amt III, 3691 und 3692).

Abteilung für Dienstboten.

Gormannstraße 13, nachmittags 5—7 Uhr.

Für Dienstboten kostenlos, ebenso für Herrschaften, die Mitglieder des Zentralvereins sind.

Abteilung für Arbeiterinnen:

Bureau: Rückerstraße 9, pt. Geöffnet von 8—1 Uhr.

Es werden vermittelt:

Buch- und Steindruckereihilfsarbeiterinnen,
Luxuspapierarbeiterinnen,
Buchbinderinnen,
Lederwarenarbeiterinnen,
Metallarbeiterinnen jeder Art,
Nahrungsmittel-Arbeiterinnen,
Arbeiterinnen für chemische Fabriken,
Parfümeriearbeiterinnen,
Textilarbeiterinnen,
Packerinnen und Lageristinnen,
Weiß- und Konfektionsnäherinnen,
Alt- und Neu-Wäsche- und Plätterinnen,
Reinemachefrauen,
Aufwärterinnen,
Dienstmädchen,
sowie Lehrmädchen und ungelernte Fabrikarbeiterinnen jeder Art!

Die Inhaberin dieses Buches wird hierdurch auf den

Gemeinnützigen Stellennachweis für Dienstmädchen

Berlin C., Gormannstraße 13 (nahe Hackescher Markt),
Telephon-Amt III, 3795.

aufmerksam gemacht.

Geöffnet nachmittags von 5—7 Uhr.

Mädchen für alles, Kindermädchen, Hausmädchen, Köchinnen, Restaurationspersonal usw. finden jederzeit eine große Anzahl geeigneter Stellen.

Die Vermittlung ist gänzlich kostenlos und gebührenfrei.

Formular 32. Vorderseite. (Seite 32.)

Gesuch um Zuweisung von Personal.

Frau / Herr

Beruf oder Stand:

Wohnung:

Wohnort:

sucht:

Zeit des Eintritts:

Wie viel Lohn viertelj.: , monatlich:

Bemerkungen:

Datum:

Formular 32. Rückseite. (Seite 32.)

POSTKARTE

An das

Städtische Arbeitsamt

Anmerkung:

Seite 16 Absatz 5 Zeile 2 lies Form. 9 statt 11.
Seite 32 Absatz 2 Zeile 2 lies Form. 31a statt 28.

FSC
www.fsc.org
MIX
Papier | Fördert gute Waldnutzung
FSC® C083411

Kolibri 360 GmbH
Ferdinand-Jühlke-Straße 7
99095 Erfurt, Deutschland
produktsicherheit@kolibri360.de